MW01675038

LA CUISINE POUR SPORTIFS

100 RECETTES

POUR LES MORDUS ET LES ATHLÈTES DU DIMANCHE

À tous les athlètes qui courent inlassablement,
sans jamais se soucier du moment
où ils passeront la ligne d'arrivée.
Chaque jour, vous nous avez vraiment inspirées.

Tara et Kate

Édition originale
Première édition en 2015 aux États-Unis par Fair Winds Press, une marque de Quarto Publishing Group USA Inc,
sous le titre *Real Fit Kitchen*.
© 2015 Fair Winds Press

Photographies : Kristin Teig
Stylisme : Catrine Kelty
Couverture : Axel Pérez de León

Édition française
© 2017 Éditions de La Martinière, une marque de la société EDLM.

© Les Éditions du Trécarré, 2017, pour l'édition en langue française au Canada.

ISBN : 978-2-89568-706-1

Dépôt légal – janvier 2017

Imprimé en Chine

Tous droits de traduction et d'adaptation réservés ; toute reproduction d'un extrait quelconque de ce livre par quelque procédé que ce soit, et notamment par photocopie ou microfilm, est strictement interdite sans l'autorisation écrite de l'éditeur.

Les informations contenues dans ce livre sont à des fins éducatives. Les conseils proposés ne visent pas à remplacer ceux d'un médecin. Il est préférable de consulter un spécialiste avant d'entreprendre tout nouveau programme de santé.

TARA MARDIGAN, M.S., M.P.H., R.D. **KATE WEILER,** M.S., C.H.C.

LA CUISINE POUR SPORTIFS

100 RECETTES

POUR LES MORDUS ET LES ATHLÈTES DU DIMANCHE

TRÉCARRÉ
Une société de Québecor Média

Sommaire

PARTIE I Changer d'alimentation

PARTIE II Changer de boissons

PARTIE III Changer de suppléments

Préambule

Annexes

Préface

UN MOT DES AUTEURES

Tara : Mes premiers souvenirs de repas sont les meilleurs, ce sont ceux des soupers avec ma sœur aînée Stacey. J'avais cinq ans, elle huit. Nous mangions des spaghettis à la maison avant de filer au cours de gym. Ma mère faisait des boulettes de viande et une merveilleuse sauce tomate, mais nous étions trop occupées à enrouler les pâtes autour de nos fourchettes pour apprécier sa cuisine.

En fait, nous ne nous intéressions ni aux boulettes ni à la sauce tomate. Nous voulions nos pâtes couvertes de beurre et de parmesan tiré de la trop célèbre boîte verte et n'avions qu'une règle : si l'on ne voyait plus le fromage râpé parce qu'il avait fondu, il suffisait d'en rajouter.

Nous nous gavions de pâtes, de beurre et de fromage tandis que maman secouait la tête : « Vous laissez le meilleur » – le meilleur, c'était ce qu'elle avait cuisiné avec amour. À l'époque, je ne comprenais pas ce qu'elle voulait dire. Manger, c'était manger, c'est tout.

Petit à petit, j'ai commencé à m'intéresser au contenu de mon assiette. J'avais de la chance : chez nous, on consommait beaucoup de produits frais, de repas faits maison et quantité de fruits et de légumes. Nous achetions des aliments sains ; je me souviens encore de l'odeur des épices et des graines de caroubier de l'épicerie du quartier.

La pizza était un cadeau. Quant aux céréales sucrées, elles étaient réservées aux soirées pyjama chez des amis. Pour un repas chez McDonald's, il fallait avoir roulé toute la journée et que tout soit fermé ailleurs. La cuisine de ma mère était simple et bonne et je lui en suis très reconnaissante.

Adolescente, je faisais de la gymnastique. L'alimentation était un sujet de discussion dans notre groupe d'amies, car beaucoup de filles se privaient pour ne pas grossir. Je ne sais pas comment j'y ai échappé ; je cherchais surtout quoi manger pour améliorer mes performances. Quel aliment pouvait me donner plus d'énergie et plus de puissance ?

Dès mon plus jeune âge, je me suis passionnée pour la nutrition sportive. Diététicienne diplômée, je voudrais inculquer à mes clients ce concept basique : une alimentation simple et saine les aidera à mieux se porter et à mieux performer. Si on remplace les plats cuisinés et la nourriture industrielle par d'authentiques aliments naturels, on observe des effets durables : plus d'énergie au quotidien, meilleure concentration, meilleure récupération (adieu les courbatures !), bien-être et bonne santé à long terme, prévention des maladies. Les campagnes publicitaires pour les nouveaux aliments sont telles qu'il est vraiment difficile de convaincre le public des bienfaits d'une alimentation simple et saine.

J'ai rencontré Kate à la fin de l'hiver 2013. Elle terminait sa maîtrise en nutrition à l'université et était naturellement très intéressée par la nutrition sportive. Nous avons travaillé ensemble sur un projet destiné à son examen de fin de cycle. La carrière de Kate, triathlonienne de haut niveau, confirmait mon intuition : les performances dépendent largement de l'alimentation. Vous ne pouvez concourir à Kona, haut lieu de l'Ironman le plus célèbre du monde, en vous nourrissant n'importe comment.

Kate et moi nous sommes rencontrées chaque semaine et avons échangé autour du marketing abusif pratiqué dans le domaine de la nutrition sportive.

Comment peut-on prétendre qu'un produit dont le premier composant est un sirop de maïs et le second un colorant peut améliorer les performances ? Nous étions atterrées par ces brillantes campagnes de pub destinées aux athlètes – en réalité des promotions de malbouffe.

On finissait toujours par parler de cuisine et de recettes. Comment fais-tu un bouillon avec des os ? As-tu déjà fait du kombucha ? Comment donner bon goût au jus d'herbe de blé ? Quel est ton sel préféré ? Prends-tu une boisson ou un gel spécifique pour le sport ? Que manges-tu en voyage ?

À entendre nos discussions sans fin sur le sujet, on nous susurrait : « Vous deux, vous devriez écrire un bouquin de cuisine pour athlètes surmenés. » Et c'est ce que nous avons fait. Nous espérons que les recettes de ce livre vous pousseront à ne choisir que des aliments naturels, à les cuisiner de la manière la plus simple, et surtout à tout faire vous-même. Amusez-vous, mettez le bazar dans la cuisine et quand vous avez un doute, garnissez les assiettes d'ingrédients colorés.

Un dernier mot : je ne me lasse toujours pas des nouilles au beurre et du fromage râpé en boîte.

***Tara Mardigan**, nutritionniste diplômée titulaire d'une maîtrise en sciences de la nutrition et d'une maîtrise de santé publique*
theplatecoach.com
@theplatecoach

Kate : Une fois diplômée de l'université, je suis entrée dans la vie active, me spécialisant en ventes de technologies de l'information. Ce n'était vraiment pas ma tasse de thé. La santé et le bien-être m'ont toujours intéressée et, en grandissant, j'ai participé à de nombreuses activités sportives, sans avoir jamais imaginé en faire mon métier. Après mon premier Ironman, j'ai compris que ma vie était trop courte pour la passer à vendre des logiciels et des ordinateurs.

J'ai laissé tomber mon job, fait du yoga et beaucoup lu sur la nutrition et la diététique. Le livre de Michael Pollan *In defense of food* (traduit en français sous le titre *Nutrition, mensonges et propagande*) a changé ma vie. J'ai constaté l'impact de l'industrie agroalimentaire sur notre éducation et la façon dont nous nous nourrissons ; cela m'a rendue furieuse et j'ai eu envie d'intervenir dans ce domaine. *Thrive*, le livre de Brendan Brazier, m'a intriguée : je n'avais encore jamais entendu parler de cette alimentation.
J'avais consulté une célèbre nutritionniste américaine pour me préparer à mon marathon. Pourquoi ne m'avait-elle jamais parlé de ces aliments ? Comment ai-je pu penser que des bretzels, du beurre d'arachide et des boissons énergétiques me prépareraient efficacement à courir ? J'ai compris que j'avais besoin de m'investir dans la nutrition sportive.

Je ne sais pas si c'est un pur hasard ou si c'était écrit, mais quelques jours avant de m'engager dans mon internat, j'ai envoyé un mail à Tara pour lui demander de travailler avec elle. Comme elle le raconte en riant, Tara était sidérée qu'on puisse lui poser la question au dernier moment – je ne me rendais pas compte que quantité d'étudiants attendaient cela depuis des années. Bon, demander ne coûte rien. Par chance, elle m'a engagée et nous avons tout de suite bien accroché.

Quand j'ai constaté l'influence de l'industrie alimentaire sur la façon de nous nourrir, j'ai essayé de changer cela. Les grandes entreprises dépensent des sommes folles en marketing pour nous vendre leurs produits, mais ne défendent jamais les producteurs parce qu'elles n'ont rien à y gagner. Mes partenaires d'entraînement et mes clients consommaient tous ces produits industriels parce qu'ils les jugeaient bons pour leur corps ; ils pensaient vraiment se nourrir sainement, développer leurs forces et améliorer leur vitesse. En réalité, ces produits étaient seulement présentés comme des aliments sains. La question restait donc posée : « Qu'est-ce que je mange vraiment ? »

Ce livre a pour but de vous aider à choisir une nourriture saine. Nous voulons vous présenter des aliments extraordinaires, que vous ne connaissez pas ou que vous ne voyez pas comment incorporer à vos repas. Nous voulons vous faire abandonner tous les produits industriels en vous donnant les moyens de composer votre propre alimentation avec des ingrédients qui vous donneront beaucoup de force et de vitalité. En ce qui me concerne, dès que j'ai commencé à bien me nourrir, mes performances ont explosé. Je nageais, roulais et courais plus vite que jamais. J'étais aussi étonnée des progrès de mes clients, qui battaient leurs records personnels avec de simples petits changements dans leur alimentation ; physiquement et mentalement, ils se sentaient mieux que jamais. Un énorme merci à ma mère et à ma grand-mère qui m'ont appris la meilleure cuisine, celle qui est faite à la maison, avec de vrais produits. À l'époque des margarines et des produits allégés, nous avons grandi avec du vrai beurre et des plats préparés avec beaucoup d'amour. Avec le recul, je sais que l'amour mis dans la cuisine en est un ingrédient essentiel.

Kate Weiler, *nutritionniste sportive titulaire d'une maîtrise en sciences de la nutrition, conseillère en santé certifiée*
nutritionkate.com
@kkweiler

Introduction

BIENVENUE !

Nous adorons manger. Nous adorons aussi transpirer.

Notre passion pour la cuisine est étroitement liée à la manière dont nous vivons : en mouvement. Rien de plus réconfortant que de se nourrir pour faire le plein de vitalité et d'énergie au quotidien. À la fois nutritionnistes et athlètes, nous avons le sentiment qu'une approche rationnelle – et non nutritionnelle – de l'alimentation peut faire des miracles sur votre santé et votre bien-être général. En fait, c'est très simple : en choisissant de bons aliments sur une base cohérente, vous vous préparez à vivre avec un corps actif et un esprit zen.

Ne vous inquiétez pas. Choisir les bons aliments ne veut pas dire renoncer à tout ce que vous aimez ou supprimer les petits plaisirs – ça ne marche jamais. Nous vous invitons à considérer votre alimentation d'un œil neuf. Faites une cuisine simple et saine, vivante, créative et attractive. Très vite, vos petits plaisirs deviendront occasionnels, rien de plus. Concentrez-vous sur les bons aliments et vous verrez que les moins bons ne vous tenteront plus.

Nos recettes sont faciles à préparer et conviennent à tous les âges. Toutes contiennent les nutriments indispensables à un athlète, à une personne en forme ou à un sédentaire qui vivent sous le même toit (encore qu'un des effets secondaires de ce livre est de générer plus de personnes en forme et moins de sédentaires). Nous nous sommes attachées aux ingrédients naturels, aux aliments complets et aux préparations simples. Nous partons du principe que vous n'avez pas le temps de cuisiner comme un chef si vous avez d'autres occupations, comme de vous épanouir dans un job que vous aimez, de vous éclater dans les courses de fond ou de vous déstresser au cours de yoga après une dure journée de travail. Plus vous vous détendrez dans votre cuisine, plus vous serez performant ailleurs.

Beaucoup, en particulier les sportifs, se concentrent sur les chiffres qu'ils jugent seuls importants. Les calories. Les graisses. Les sucres. Les glucides. Les proportions. Nous préférerions vous voir vous concentrer sur les ingrédients, c'est là que vous devez être compétitif. Qu'y a-t-il dans ce que vous mangez ? En préparant vos aliments vous-même avec des produits complets, vous répondrez à cette question. Préférez-vous de l'eau fraîche aromatisée de rondelles de lime dans un beau verre à pied ou une « jolie » bouteille de plastique de boisson au citron chimique, hypersucrée aux édulcorants « zéro sucre, zéro calorie » ? Pour notre part, le choix est fait.

Oubliez les chiffres et concentrez-vous sur les bons aliments naturels. Procurez-vous des ingrédients frais, vivants et complets, passez un peu plus de temps dans la cuisine et faites preuve d'une grande créativité : c'est tout ce que nous vous souhaitons avec ce livre.

VRAIS ALIMENTS *VS* ALIMENTS PRÉPARÉS

Qui n'a jamais cherché la recette miracle pour gagner en force et en énergie tout en perdant du poids ? Les industriels de la nutrition du sport proposent des aliments conditionnés et des suppléments alimentaires pour optimiser votre nutrition et vos facultés de récupération ; tous sont composés d'ingrédients supposés augmenter vos performances. Le problème, c'est que la plupart de ces produits compliquent inutilement des aliments déjà très bien élaborés par la nature ; et plutôt que de promouvoir ces aliments naturels, les entreprises dépensent des fortunes pour vendre leurs produits préparés et leurs suppléments.

On prévoit que le marché de la nutrition du sport augmentera de plus de 80 % d'ici 2019. Les suppléments en représentent une part importante. Les entreprises qui arrivent à persuader les sportifs des bienfaits de leurs produits sont donc sur le point de réaliser, elles, des bénéfices considérables. Des athlètes professionnels signent des partenariats de plusieurs millions de dollars pour la promotion de produits qu'ils n'utilisent même pas. Dans ce marché hyperencombré, il est difficile de distinguer ce qui vaut la peine d'être essayé de ce qui n'est que battage publicitaire, ou même de ce qui, au contraire, sera préjudiciable à votre santé et à vos performances.

La plupart des nutritionnistes du sport mettent l'accent sur les nutriments. Combien de calories devons-nous absorber ? Quel pourcentage de glucides, de lipides et de protéines ? Combien de milligrammes de vitamine C ? Avec l'expérience, nous avons constaté que beaucoup d'athlètes ne se soucient pas que leurs aliments soient complets, naturellement riches en nutriments, en oligo-éléments et en phytonutriments. Nous devons choisir ceux qui possèdent en eux-mêmes la capacité d'optimiser nos performances, pas des substituts industriels.

Nous pensons que les aliments agissent en synergie et non individuellement. Combinés, plusieurs nutriments naturels auront plus d'effets bénéfiques pour la santé qu'un nutriment artificiel pris seul. Les aliments créés par la nature sont meilleurs pour nous que ceux du commerce. C'est pour cela que nous insistons : mangez des œufs entiers plutôt que des blancs, des agrumes et des légumes verts plutôt que de la vitamine C et des noix plutôt que de la vitamine E. Non seulement vous en tirerez plus de bénéfices et vous ferez des économies, mais vous ne risquerez pas de subir les effets secondaires nocifs des vitamines artificielles vendues sans contrôle. Tout au long du livre, les composants des aliments et les micronutriments qui ont des effets bénéfiques vous sont indiqués (il arrive qu'il y en ait tellement qu'on ne peut tous les citer). On ne le répétera jamais assez : si vous mangez des aliments complets, vous êtes sur la bonne voie.

Beaucoup de gens surveillent attentivement la composition nutritionnelle des aliments – nombre de calories, protéines, glucides, lipides–, et négligent la liste des ingrédients. Les sportifs qui ne s'intéressent qu'aux macronutriments ne cherchent pas à savoir ce qu'ils mangent et la nutrition sportive classique n'insiste pas assez sur l'importance des ingrédients. Ce sont eux, pas les calories, qui vont vous rendre plus fort, vous faire améliorer vos performances et récupérer plus vite. Passez un peu moins de temps sur l'étiquette-marketing et un peu plus de temps sur la composition, pour vérifier que les ingrédients vous conviennent. Vous pouvez absorber des portions convenables de bons nutriments dans ce que vous pensez être de bonnes proportions et ne pas obtenir de résultats, tout simplement parce que la mauvaise qualité des aliments ruine votre régime. Prenez moins de nourriture préparée et plus de produits naturels. Donnez-vous la peine de savoir d'où viennent vos aliments, achetez local et bio – quand c'est possible –, vous vous sentirez mieux et vous serez plus performant.

NOTRE PHILOSOPHIE, NOS RECETTES

Nos recettes sont composées d'aliments complets et naturels qui vous aideront à performer sur le plan sportif. Au-delà de la composition protéines/lipides/glucides, nous voulons insister sur un point : nourrissez-vous d'aliments contenant naturellement tous les nutriments qui vous aideront à atteindre vos objectifs.

En incorporant de plus en plus de ces aliments à vos repas, vous pourrez :

- Disposer de plus d'énergie, minimiser la fatigue.
- Récupérer plus rapidement après l'entraînement.
- Vous entraîner plus efficacement et de manière plus productive.
- Améliorer votre force et votre rapidité.
- Renforcer votre système immunitaire.
- Calmer les inflammations et ressentir moins de douleurs musculaires et articulaires.
- Atteindre un bon poids santé et améliorer le rapport graisse/muscle de votre corps.

De nos jours, le monde de la nutrition est un peu déroutant. Entre les études scientifiques, les moyens énormes des industriels de l'alimentation, les témoignages des champions et les avis des entraîneurs, on entend tous les points de vue.

Alors, quelle est la meilleure manière de se nourrir ? Il n'y a qu'une réponse à cette question : vous devez définir ce qui marche le mieux pour vous, et seulement pour vous. Il y a évidemment des principes communs à une bonne alimentation, mais dans ce domaine, il n'y a pas de règle applicable à tous, tout le temps.
Les temps changent, mais nous aimons à penser que la vie progresse toujours.

Nos valeurs

LES DIX PRINCIPES D'UNE ALIMENTATION SAINE

Voici nos dix principes, valables pour tous, quel que soit le régime choisi.

Faites de votre assiette un tableau.

Végétal. Nourrissez-vous majoritairement de végétaux. C'est la première chose à faire pour améliorer votre santé et vos performances, mais aussi respecter l'environnement. Prenez des fruits, des légumes, des légumineuses, des noix, des graines, des céréales, des épices, du thé et des infusions. Préférez moins de produits animaux et plus de produits végétaux.

Durable. Achetez des produits frais et de saison à de petits producteurs locaux, aussi souvent que possible. Plus on soutient les producteurs locaux et plus on améliore l'alimentation de la communauté. Essayez de manger des produits très frais. Achetez sur les marchés et dans les fermes ou choisissez les produits locaux sélectionnés par les commerçants. Les jardins associatifs et les serres d'herbes fraîches, voilà l'idéal !

Fort. Après un repas, vous devriez vous sentir plus fort. Si vous avez l'impression d'être fatigué, faible, lourd, à la traîne, ce que vous avez mangé ne vous convient pas. Faites travailler votre alimentation pour vous.

Naturel. Choisissez les aliments les plus naturels. Une orange plutôt qu'une bouteille de jus d'orange, un yogourt nature au lait entier plutôt qu'un yogourt écrémé aromatisé. Moins un aliment est transformé, plus vous en tirerez de bons nutriments.

Coloré. Dans chaque repas, mettez un maximum de couleurs ; si vous avez tendance à choisir toujours les mêmes aliments, essayez de les présenter différemment. Soyez attentif à votre assiette, c'est votre chef-d'œuvre ! Laissez-vous guider par la couleur.

Cohérent. Établissez des habitudes concrètes pour rester cohérent dans vos bonnes pratiques. Vous parviendrez à respecter des règles quotidiennes si elles sont simples. Par exemple, faites les courses à intervalles réguliers ou préparez vos repas la veille.

Équilibré. Sélectionnez une variété de nutriments pour chaque repas, pour vous aider à définir les bonnes portions, la richesse et l'équilibre nutritionnel du repas. Trop de protéines ? Vous ne laissez probablement pas la place à un autre ingrédient. Trop de fruits ? Attention à ne pas absorber trop de sucre. Le secret d'une alimentation équilibrée, c'est d'alterner différents nutriments en fonction de votre niveau d'activité (voyez plus loin la règle des Cinq Doigts, et les Assiettes du sportif, pages 15 et 17).

Intuitif. Vous pouvez améliorer votre alimentation sans trop vous préoccuper des subtilités des nuances et du calcul de nutriments. Ajoutez une poignée de légumes surgelés à votre soupe. Emportez une banane au déjeuner de l'équipe. Parsemez votre salade de haricots. Buvez un peu plus d'eau en semaine.
Partagez le dessert avec un ami. Les choix intuitifs sont toujours les plus harmonieux, et en étant bien conscient de ce que vous mangez, vous ferez les

bons choix. Dites-vous à voix haute : « Comment puis-je faire mieux ? » et vous le ferez.

Personnel. Mieux vous savez préparer, cuisiner et assaisonner vos aliments, mieux vous contrôlez la composition de vos repas. Cuisinez plus souvent chez vous. Au restaurant, demandez que votre plat soit préparé comme vous le feriez : légumes rôtis à l'huile d'olive avec un quartier de citron, une salade en accompagnement et des fruits frais pour le dessert.

Authentique. Changez de point de vue, observez les ingrédients plutôt que les chiffres, les pourcentages, les publicités et les effets bénéfiques autoproclamés. Évitez les édulcorants artificiels et les colorants. Laissez tomber tous les produits allégés, à 0 % de matières grasses, sans sucre, pour diabétiques, à faible teneur en glucides, etc. Les vrais aliments n'ont pas besoin de toutes ces allégations.

Nous croyons en une alimentation équilibrée, pas au « tout ou rien ». Nos pratiques nutritionnelles font des mangeurs heureux qui se régalent d'aliments naturels et les respectent pour cela. Actifs, ils ont pourtant compris que repos et relaxation peuvent aussi être productifs.

Les vrais aliments n'ont pas besoin d'annonces publicitaires.

Ceux qui se portent le mieux se nourrissent chaque jour agréablement de repas vraiment très sains (80 % du temps) ; et ils sont bien conscients que, de temps à autre, leurs menus sont carrément gourmands (20 % du temps). Ainsi, après une belle salade très végétale de quinoa, de tempeh mariné, de pignons de pin grillés, assaisonnée de canneberges, vous avez droit à quelques carrés de chocolat noir amer avec un verre de votre vin rouge préféré.

Rien n'est interdit. Il n'y a pas de « repas-où-on-peut-tricher » ou de « jour-où-on-peut-tricher », on n'est pas bon ou méchant. Vous ne pouvez pas vous coller une étiquette « tricheur » ou « méchant » : se nourrir, ce n'est pas un examen. Vous êtes habilité à décider de ce qui convient à votre corps et à votre esprit. Quoi que l'on consomme, nous pensons que l'on ne doit pas tricher avec la nourriture. Une alimentation choisie permet de garder un style de vie actif sur le long terme.

LA RÈGLE DES CINQ DOIGTS : L'ÉQUILIBRE

Ne se préoccuper que des données chiffrées de votre nutrition risque de vous détourner de vos objectifs à long terme. Les chiffres peuvent être utiles pour noter ce que vous absorbez et mesurer vos progrès, mais n'y consacrez pas tout votre temps. Se responsabiliser, se motiver et disposer d'un bon réseau de soutien est tout aussi important pour changer votre mode de vie de manière durable. Essayez de trouver un point d'équilibre vous permettant de mesurer vos progrès, mais sans essayer de tenir un compte de calories.

Nous avons eu l'occasion de rencontrer Michael Pollan, l'auteur à succès de *Cooked*, venu à Harvard parler de son livre. En tant que nutritionnistes professionnels, nous sommes d'accord sur un point : amener les lecteurs à faire la cuisine eux-mêmes est la meilleure façon d'améliorer leur alimentation et de resserrer les liens avec leur famille et leurs amis. Et nous lui avons précisé avoir laissé tomber les informations nutritionnelles de toutes nos recettes, avec une justification toute simple : celles-ci étant composées uniquement d'ingrédients sains et naturels, il est inutile de trop se préoccuper des chiffres. Michael a approuvé en souriant et nous a recommandé de ne pas nous laisser envahir par des chiffres qui ne rendent pas justice à la vraie qualité des aliments.

La règle des Cinq Doigts : pour une alimentation équilibrée

CINQ TYPES D'ALIMENTS POUR UN REPAS ÉQUILIBRÉ

1 FRUITS ET LÉGUMES (les meilleurs sont les plus colorés)	2 GLUCIDES	3 PROTÉINES	4 BONS GRAS	5 LIQUIDES
Fruits frais	Gruau nature, céréales complètes sans sucre, céréales sans gluten	Œufs fermiers	Huiles : d'olive vierge extra, d'arachide, de noix de coco, de sésame, de colza, d'avocat. Ghee, beurre de vaches nourries à l'herbe	Eau aromatisée naturellement avec du citron, de la lime ou des tranches de concombre
Fruits congelés	Pain au levain frais, pain d'épeautre au levain, muffins, pain pita (fin), craquelins, bagels sans gluten	Poissons, mollusques, crustacés, volailles, bœuf nourri à l'herbe, bison, agneau, porc	Avocat en tranches, guacamole, houmous	Eau gazeuse, eau d'érable, eau de coco (évitez les édulcorants artificiels)
Fruits secs (en petites quantités)	Gaufres ou crêpes complètes	Haricots, lentilles, houmous, tofu, tempeh, edamame, graines de soya	Graines : de chia, de chanvre, de tournesol, de lin, de sacha inchi, de citrouille	Thés (sans sucre) : vert, noir, infusions (chaudes ou glacées), kombucha
Légumes frais (sauf féculents)	Riz complet, riz sauvage, pâtes intégrales, nouilles de sarrasin (soba), nouilles sans gluten	Lait, yogourt, fromage blanc, fromages, kéfir	Noix de coco déshydratée sans sucre, fèves de cacao	Jus de fruits frais dilué à l'eau (plate ou gazeuse)
Légumes congelés (sauf féculents)	Quinoa, couscous, boulgour, teff (céréale d'Éthiopie), farro (amidonnier), blé complet, épeautre, seigle, millet, kamut, graines d'amarante, orge, sarrasin	Noix, beurres de noix (arachides, amandes, noix de cajou, pistaches, graines de soya, noix de macadamia, noix)	Noix, beurres de noix (arachides, amandes, noix de cajou, pistaches, graines de soya, noix de macadamia, noix)	Jus de légumes frais
Jus de fruits frais dilué à l'eau (plate ou gazeuse)	Légumes riches en amidon : pomme de terre, patate douce, igname, navet, citrouille, petit pois, maïs, polenta, manioc, banane plantain, betterave	Protéines en poudre : de petit-lait d'animaux nourris à l'herbe, de pois, de chanvre, de blanc d'œuf, de graines de chia, de riz, de sacha inchi, de criquet, d'algue chlorella	Huile de poissons riches en oméga 3 en gélules, oméga 3 végane en gélules (huile de microalgues)	Lait : de vache, de chèvre, de brebis, de noix de coco, d'amande, de riz, de chanvre, de soya, sans lactose

LES CINQ DOIGTS

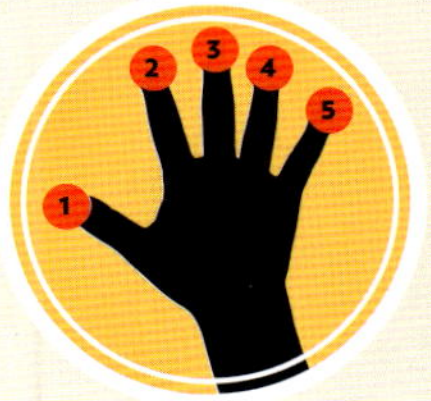

1. Fruits/Légumes
2. Glucides*†
3. Protéines**
4. Bons gras**
5. Liquides

* Comptez au moins 4 g de fibres par portion. ** Certains aliments sont classés dans deux catégories. Les noix et les graines, par exemple, sont à la fois des protéines et des lipides. † Tous les légumes riches en amidon sont comptés dans les glucides.

© The Plate Coach

Nous aimons présenter des visuels à nos clients. Et nous avons le sentiment qu'il faut composer chaque menu en équilibrant les différentes catégories de nutriments. Cela donne des repas agréablement nourrissants, contribue à maintenir un bon niveau d'énergie et fournit les vitamines et les minéraux indispensables au bon fonctionnement de notre système immunitaire. Nous conseillons à nos clients de se référer à ce tableau pour composer des repas équilibrés.

La règle des Cinq Doigts (page 15) permet de catégoriser rapidement les nutriments ; c'est un aide-mémoire graphique efficace.

Certains aliments se retrouvent dans plusieurs catégories et c'est une bonne chose ; ces aliments sont de très bons choix, car ils contiennent des nutriments variés. Les noix et les poissons gras comme le saumon ou la sardine en sont de bons exemples : ils sont riches en protéines comme en bons gras. La règle des Cinq Doigts vous aide à équilibrer vos repas de manière à pouvoir choisir un aliment dans chaque catégorie (ou un choix multiple dans chaque catégorie pour les athlètes de haut niveau). Le but est de retrouver des aliments de chaque catégorie à tous les repas.

Beaucoup de sportifs mangent au moins trois aliments protéinés au cours d'un seul repas, mais pas de fruits, ni de légumes, ni de bonnes matières grasses. Pour équilibrer le repas, limitez-vous à un ou deux aliments protéinés et ajoutez un fruit ou un légume et une bonne matière grasse. Les sportifs s'entraînant intensivement peuvent choisir parmi beaucoup d'aliments, mais doivent veiller à en inclure de chaque catégorie dans leurs repas.

1. Fruits et légumes. Plus vous en mangerez, mieux ce sera, surtout des fruits frais et des légumes de production locale. Choisissez-les de couleurs variées. Nous laissons toute liberté à nos clients pour cette catégorie d'aliments avec ces exceptions : jus, fruits secs, conserves et féculents comme les pommes de terre et le maïs.

2. Glucides. Choisissez-les riches en fibres (sauf si vous mangez juste avant, pendant ou après un exercice très intense, car vous n'auriez pas le temps de les digérer convenablement ; il vaut mieux privilégier alors des glucides pauvres en fibres).

3. Protéines. Prévoyez des protéines de sources variées. Si vous mangez des protéines animales, vous pouvez aussi incorporer à vos repas des quantités significatives de protéines végétales. Les végétariens et les véganes doivent préférer les végétaux entiers frais aux produits conditionnés.

4. Bons gras. Avec peu de lipides, on fait beaucoup. Les bonnes matières grasses contribuent à donner un sentiment de satiété et améliorent l'absorption des nutriments des fruits et des légumes riches en antioxydants. Les matières grasses peuvent aider ceux qui cherchent à perdre du poids parce qu'elles sont appétissantes et rassasiantes, autant que ceux qui cherchent à en gagner, parce que leur richesse en calories rend inutile d'en consommer de grandes quantités.

5. Liquides. L'hydratation est vraiment importante. Il faut boire pendant les repas et en continu pendant toute la journée. Nous préconisons de boire de l'eau, aromatisée naturellement ou non. La caféine est bonne quand elle est prise avec modération et en début de journée, pour ne pas interférer avec le sommeil nocturne.

Les assiettes du sportif

ENDURANCE

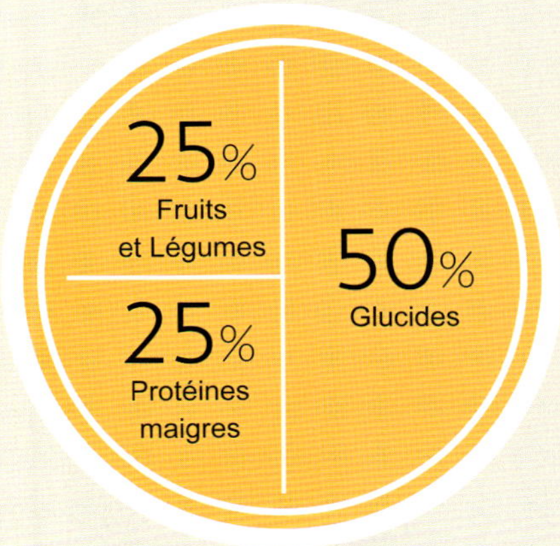

FORCE + ENDURANCE

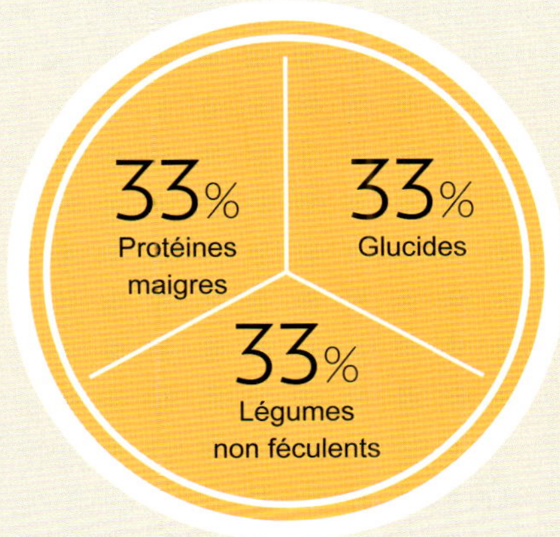

POIDS SANTÉ

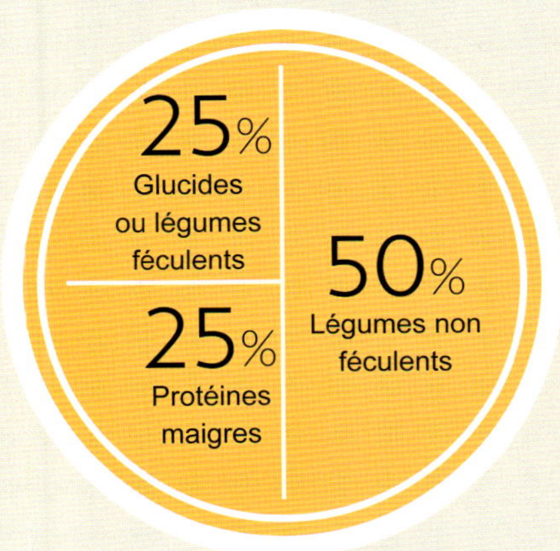

MOINS ACTIF

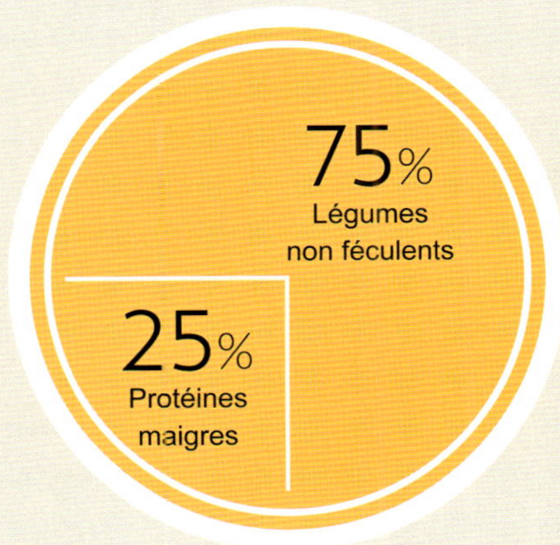

CHECK-LIST

- ○ Mangez plus lentement.
- ○ Utilisez de bonnes matières grasses pour les cuissons et les assaisonnements des salades et des légumes.
- ○ Hydratez-vous avec de l'eau, tout simplement.
- ○ Assaisonnez d'épices plutôt que de sel.
- ○ Vous voulez gagner du poids ? Prenez une deuxième assiette, en gardant les mêmes proportions de nutriments.
- ○ Vous voulez perdre du poids ? Essayez les assiettes à dessert. N'y mettez que des légumes non féculents.
- ○ Le maïs, les petits pois, les pommes de terre, les bananes plantain et le manioc sont des glucides ou des légumes féculents.
- ○ Choisissez des légumes riches en fibres (au moins 4 g par portion), sauf juste avant ou juste après un exercice intensif.

© The Plate Coach

LES ASSIETTES DU SPORTIF : CHOISISSEZ-LES EN FONCTION DE VOTRE ACTIVITÉ

Nous conseillons d'estimer la taille de votre assiette par une simple approche visuelle, surtout pour le dîner, souvent le plus important repas de la journée. Les schémas de la page précédente vous permettront de composer votre assiette en fonction du type et de l'intensité de l'activité du jour.

Pour déterminer quantitativement ce à quoi vous avez droit, basez-vous sur votre niveau d'activité et sur votre type d'exercice. Un coureur de marathon cherchant à gagner de la masse musculaire mangera très différemment d'un gymnaste blessé qui ne peut pas s'entraîner.

Il y a quatre assiettes du sportif. Choisissez la vôtre sans oublier qu'elle peut changer chaque jour.

Vous voulez gagner du poids ou de la masse musculaire maigre ? Doublez (ou triplez) l'assiette, mais gardez les mêmes proportions de nutriments. Prévoyez de plus grandes assiettes.

Vous cherchez à perdre du poids ? Utilisez des assiettes à dessert. Si vous avez toujours faim, prenez une assiette de légumes non féculents assaisonnés d'épices et de vinaigre ou de jus de citron.

Endurance. L'assiette « Endurance » est destinée aux coureurs de fond, aux cyclistes, aux nageurs, aux skieurs de fond, aux triathlètes et d'une manière générale à tous les sportifs pratiquant un exercice continu d'au moins 2 heures dans la journée. Ces athlètes ont besoin de beaucoup de glucides pour que les muscles reconstituent rapidement leur réserve de glycogène (forme sous laquelle les glucides sont stockés). Si cette réserve n'est pas reconstituée, le sportif éprouvera des difficultés à la séance d'exercice suivante.

Force + Endurance. Cette assiette est prévue pour les joueurs de football, de tennis, de cross et de hockey sur gazon, les gymnastes, les basketteurs, les haltérophiles, les combattants d'arts martiaux mixtes, les pratiquants de crossfit, de lutte, de yoga dynamique, et de toutes les disciplines qui impliquent force et endurance. En général, ces sports nécessitent des efforts intenses mais intermittents, entrecoupés de brèves périodes de repos tout au long de l'exercice.

Poids santé. Cette assiette est faite pour les sportifs actifs qui pratiquent moins longtemps (une heure maximum) des exercices moins intenses comme la marche, l'aquagym, le yoga.

Moins actif. L'assiette « Moins actif » est destinée à ceux dont l'activité physique est réduite par des horaires très chargés ou une blessure. Moins on est actif, moins on a besoin de glucides. Remplacez-les par des légumes non féculents. L'assiette « Moins actif » fonctionne aussi très bien pour ceux qui veulent perdre du poids, dans la mesure où les repas précédents contenaient des glucides à forte teneur en fibres.

Le placard à provisions idéal

TOUT CE QU'IL VOUS FAUT POUR FAIRE LES MEILLEURS PLATS

Nos cuisines sont toutes simples. Vous n'aurez nul besoin d'appareils particuliers ou de gadgets pour préparer des plats sains. Néanmoins, vous voudrez peut-être commencer avec quelques ustensiles et ingrédients de base pour tirer le meilleur parti de tout.

Un mélangeur de qualité, équipé d'un poussoir est une machine pour laquelle on peut consacrer un certain budget. Il fait gagner du temps, est facile à nettoyer et plus simple d'emploi qu'un robot de cuisine. Vous aurez aussi besoin d'un presse-ail, d'un presse-citron, d'un zesteur et d'un fouet.

Tous les produits ne se valent pas : leur qualité est aussi importante que le produit lui-même. La meilleure manière d'améliorer votre santé et votre bien-être est d'optimiser le contenu de votre placard à provisions. Achetez les meilleurs produits de base qui soient, car vous les consommerez au quotidien. Les ingrédients suivants devraient se retrouver dans tous vos repas :

Sel. Essayez le sel rose de l'Himalaya ou la fleur de sel.

Matières grasses et huiles de cuisson. Choisissez les meilleures, obtenues par pressage à froid ou extraites par des procédés mécaniques, sans raffinage ni filtration : les graisses animales devront provenir d'animaux nourris à l'herbe, les huiles de végétaux de haute qualité. Nous aimons bien l'huile d'olive extra-vierge, l'huile de noix de coco (en particulier pour les cuissons à haute température), l'huile de colza bio pressée à froid, l'huile de pépins de courge, l'huile de chanvre et l'huile d'avocat. L'huile de lin, riche en acides gras oméga 3, sera réservée aux assaisonnements.

Beurre. Achetez du beurre provenant d'animaux nourris à l'herbe, sans antibiotiques ni hormones. Le ghee est un beurre clarifié sans caséine, que certaines personnes digèrent mal.

Épices. Vérifiez leurs ingrédients ; évitez celles qui contiennent des agents de conservation comme l'acide citrique, les anti-agglomérants, les sulfites et même le sucre.

Édulcorants. Nous aimons le pur sirop d'érable et le miel bio ; nous n'achetons qu'aux producteurs locaux.

Beurres de noix. Utilisez uniquement des beurres végétaux naturels, ceux qui sont mono-ingrédient.

Pain. Achetez du pain de boulangerie artisanale. Nous préférons le pain au levain – fermenté, il contient des probiotiques et des enzymes –, le pain aux céréales ou un bon pain de millet.

Œufs. Achetez des œufs de poules élevées en plein air, d'un producteur local. Si vous n'en trouvez pas, choisissez des œufs bio ; les poules n'auront pas été traitées aux antibiotiques ou aux hormones.

Condiments. Vérifiez la composition des condiments et évitez ceux qui contiennent des sucres cachés, des agents de conservation et des épaississants inutiles.

Protéines en poudre. Nous préférons les protéines des aliments naturels, mais les protéines en poudre pourront être utiles aux sportifs très occupés. Nous recommandons les protéines de chanvre, de riz complet, de pois, les protéines de petit-lait d'animaux nourris à l'herbe ou des mélanges de protéines végétales.

Lait, fromage et yogourt. Achetez toujours les meilleurs produits laitiers, si possible localement. Choisissez des produits préparés avec du lait d'animaux nourris à l'herbe.

NOTRE TOP 20

Nous aimons acheter des produits frais et de saison aux producteurs locaux, qui n'ont pas voyagé et sont beaucoup plus riches en nutriments. À l'épicerie, nous choisissons les aliments les plus sains, ceux qui nous correspondent. Nous avons toujours en cuisine nos ingrédients de base et nos aliments favoris.

1. Légumes verts. Épinards, chou kale, roquette, chou collard ou bok choy… nous avons toujours des légumes verts sous la main pour leur haute teneur en nutriments et en fibres, et leurs propriétés anti-inflammatoires.

2. Œufs. Les œufs de producteurs locaux sont plus savoureux, mais aussi meilleurs pour la santé. Plus gros, leur jaune est d'une belle couleur orangée. Ils fournissent à l'organisme des protéines et de la lutéine.

3. Huile d'olive vierge extra. L'huile d'olive rassasie bien et est excellente pour le système cardio-vasculaire. Nous utilisons une huile d'olive de très haute qualité pour les assaisonnements et les trempettes.

4. Graines de chia et graines de chanvre. Deux graines très riches en nutriments, que nous apprécions pour leur capacité à donner de l'énergie et leurs propriétés anti-inflammatoires. Nous en ajoutons aux smoothies, aux yogourts, aux salades, aux beurres de noix et aux poudings pour optimiser leurs qualités nutritionnelles.

5. Fèves de cacao. Les fèves de cacao crues, à l'origine du chocolat, sont très riches en antioxydants, en phytonutriments antidépresseurs et en sels minéraux – magnésium, fer, calcium. Une cuillerée de fèves de cacao enrichira beaucoup les yogourts, les smoothies, les céréales et les poudings.

6. Mélanges d'épices. Les mélanges d'épices permettent de donner du goût aux légumes, aux protéines et aux céréales sans ajouter de sel ni de matières grasses. Les épices procurent en outre des phytonutriments bons pour le système immunitaire. Essayez différents mélanges comme le Baharat ou le Ras El Hanout.

7. Vinaigre de cidre. Nous n'utilisons que du vinaigre de cidre bio, cru et non filtré – il est de ce fait un peu trouble. C'est une très bonne source de probiotiques bénéfiques pour le système immunitaire et susceptibles de favoriser la digestion. Dilué à l'eau, il participe à la régulation de la glycémie sanguine, car il ralentit la digestion des féculents. Le vinaigre industriel n'a pas du tout les mêmes propriétés.

8. Beurres de noix et de graines. Voilà un aliment pratique : vite fait et bon marché, c'est un très bon mélange de protéines, de bonnes matières grasses et de minéraux. Si vous achetez un beurre végétal tout fait, regardez bien la liste des ingrédients : il ne doit contenir que des noix (ou des graines) et un peu de sel (et pas d'épaississants).

9. Curcuma. De la famille du gingembre, le curcuma est un puissant anti-inflammatoire qui possède en outre des propriétés anticancéreuses. On l'utilise pour assaisonner les soupes, les légumes et les sauces. Si vous trouvez le curcuma trop amer, mélangez-le à quelques gouttes de miel.

10. Banane. On la trouve partout, elle n'est pas chère et facile à transporter. La banane est un fruit riche en potassium et d'index glycémique modéré. Faites cuire les bananes un peu mûres ou mixez-les en smoothies. Quand elles sont trop mûres, épluchez-les et congelez-les coupées en morceaux, vous pourrez les ajouter à diverses recettes pour leur donner une consistance de crème glacée.

11. Graines de citrouille. Les graines de citrouille sont une heureuse combinaison d'antioxydants, de minéraux, de bonnes matières grasses, de fibres et de protéines. Crues ou torréfiées, avec ou sans enveloppe, les graines de citrouille peuvent être ajoutées aux salades, aux boissons ou aux mélanges de céréales et de fruits secs des randonneurs.

12. Pois chiches et lentilles. En boîte ou en bocal, les pois chiches cuits se conservent longtemps. Très bon marché, ils sont pratiques pour agrémenter les salades et les soupes. Nous préparons un houmous en un instant en mixant au mélangeur des pois chiches et de l'huile d'olive. Leur haute teneur en fibres et en protéines rassasie très vite : vous n'en mangerez pas trop.

13. Thé. Le thé vert, en particulier les variétés japonaises (sencha, gyokuro et matcha), est riche en polyphénols, puissants antioxydants dont le plus abondant est le gallate d'épigallocatéchine (EGCG). Les thés noirs et les oolongs, qui constituent la majorité des mélanges de thés, en contiennent moins, car le procédé de fermentation qui leur est spécifique a détruit une partie des polyphénols. Infusez le thé vert 8 à 10 minutes et buvez-le dans l'heure qui suit pour profiter au maximum des bienfaits de ses polyphénols.

14. Edamame. Ce légume entier – les jeunes fèves de soya sont dans leurs gousses – est une bonne source de protéines végétales riches en isoflavones. Si le soya hautement transformé (en poudre ou en pilules) peut poser des problèmes de santé, le soya entier (edamame, tofu, noix de soya, tempeh) est très excellent pour la santé. Ayez toujours sous la main des fèves edamame congelées, avec ou sans leurs gousses.

15. Maca en poudre. Originaire des Andes, ce tubercule est réputé depuis des milliers d'années pour ses capacités nutritives et énergétiques. Vendu sous forme de poudre, la maca contient des minéraux, des phytonutriments, et des stérols végétaux dont on pense qu'ils contribuent à bloquer l'absorption du cholestérol dans le sang. La maca donne un goût de noisette légèrement sucré aux boissons, aux smoothies, aux soupes, aux compositions protéinées et aux desserts.

16. Cannelle. Dotée de propriétés antibactériennes et antifongiques, la cannelle peut contribuer à réguler la glycémie sanguine. Elle apporte une saveur légèrement sucrée qui permet de réduire les quantités de sirop d'érable ou de miel. La cannelle a un goût très marqué, goûtez-la donc en toutes petites quantités pour commencer. Nous infusons aussi des bâtonnets de cannelle dans de l'eau chaude ou du thé.

17. Sel de mer. En gros cristaux ou en paillettes, le sel de qualité est riche en minéraux : potassium, iode, magnésium, calcium et évidemment sodium. Le sel rose de l'Himalaya, le sel bleu de Perse et le sel marin gris ou la fleur de sel sont de bons choix.

18. Sirop d'érable. Le sirop d'érable pur, riche en antioxydants et en minéraux, est moins raffiné que le sucre blanc ; pour cette raison, nous l'utilisons beaucoup plus que d'autres sucres dans nos plats. Cela dit, le sirop d'érable reste du sucre, à utiliser avec parcimonie.

19. Moutarde. C'est un condiment plein de ressources. Nous utilisons de la moutarde américaine jaune, de la moutarde de Dijon, des graines de moutarde et de la moutarde en poudre. Ajoutez une petite cuillerée de moutarde à vos sauces salade ou à vos marinades maison ! Agrémentez vos sandwichs, salades, accompagnements et entrées de graines de moutarde légèrement grillées à la poêle.

20. Saumon et sardines. Les acides gras oméga 3 de tous les poissons gras sont bons pour notre santé en raison de leurs propriétés anti-inflammatoires, mais il est préférable de manger de petits poissons, car ils contiennent moins de polluants comme les PCB (polychlorobiphényles) ou le mercure. Achetez des poissons frais ou des conserves de poissons entiers à l'huile d'olive plutôt qu'à l'huile de tournesol.

Comment utiliser ce livre

BIEN MANGER, C'EST SIMPLE !

Volontairement, nous n'avons indiqué ni valeurs caloriques ni pourcentages de nutriments dans nos recettes. Le repas doit être un moment agréable, et cela ne sera pas le cas si vous êtes obsédé par la valeur calorique ou la composition de votre assiette. En prenant soin de ne choisir que des aliments complets et naturels, vous vous nourrirez bien, en même temps que vous améliorerez votre santé et vos performances sportives, bien plus qu'en pesant vos aliments et en comptant leurs calories.

Plutôt que de chiffres, nous avons complété chacune de nos recettes de mentions nutritionnelles.

Les premières précisent le moment le plus opportun pour manger, en fonction de votre entraînement : **Avant l'entraînement**, **Après l'entraînement**, **Base nutritionnelle essentielle** ou **Base nutritionnelle plaisir**.

Avant l'entraînement. Recettes riches en glucides pour donner de l'énergie au corps et à l'esprit. Ce sont des plats faciles à digérer, adaptés pour être consommés 2 heures (ou moins) avant l'entraînement ou l'activité.

Après l'entraînement. Recettes combinant des glucides faciles à digérer et une protéine pour reconstituer le stock de glycogène musculaire, aider les muscles à récupérer et préparer l'organisme à l'exercice suivant. Des études sur la nutrition destinée à la récupération après l'effort ayant établi qu'un ratio glucides/protéines de 4 à 1 était idéal, les industriels ont mis sur le marché quantité de produits transformés et conditionnés pour respecter parfaitement ce ratio, donc théoriquement efficaces pour récupérer après l'effort. Or, nombre de ces produits contiennent des ingrédients favorisant les réactions inflammatoires et risquent de freiner la récupération plutôt que de la favoriser. Nos recettes « Après l'entraînement » ne respectent peut-être pas toujours précisément le ratio 4/1 de glucides/protéines, mais les associations d'aliments naturels restent les meilleures pour bien nourrir l'organisme.

Base nutritionnelle essentielle. Très riches en nutriments, ces recettes comprennent des fibres, de bonnes matières grasses et des protéines. On peut leur faire confiance : équilibrées, nourrissantes, excellentes pour le système immunitaire et efficaces contre les inflammations, elles représentent un très bon choix, à adopter en priorité. Il est préférable de les consommer au moins 2 heures avant l'exercice, car elles contiennent beaucoup d'ingrédients à digestion lente.

Base nutritionnelle plaisir. Des recettes-desserts ou des friandises plus riches en bons nutriments que les friandises classiques. Mais même si elles sont bien meilleures pour la santé que les confiseries et les desserts traditionnels, considérez-les quand même comme des sucreries.

« Une recette n'a pas d'âme.
C'est vous, le cuisinier, qui devez lui en donner une. »
Thomas Keller, chef cuisinier, restaurateur et auteur de livres de cuisine.

La deuxième série de mentions se rapporte aux caractéristiques des aliments : **Sans gluten, Sans produits laitiers, Végane** et **Pauvre en FODMAP**.

Sans gluten. Recettes excluant tous les produits contenant du gluten, une protéine que l'on trouve dans le blé et les céréales de la même famille.

Sans produits laitiers. Recettes excluant les laits de vache, de brebis, de chèvre et tous les produits dérivés de ces laits.

Végane. Recettes excluant tous les produits d'origine animale.

Pauvre en FODMAP. Recette contenant peu de FODMAP. Acronyme de l'anglais *Fermentable Oligo-, Di-, Mono-saccharides And Polyols*, les FODMAP sont des polysaccharides comprenant les fructanes, les galactanes, les polyols, le fructose et le lactose. Ils attirent de l'eau dans le système intestinal et ne sont pas toujours bien absorbés et digérés lorsqu'ils sont consommés en trop grande quantité, car les bactéries intestinales les font fermenter, provoquant des ballonnements et des gaz. Il a été établi que la diminution des FODMAP dans l'alimentation a des effets bénéfiques chez ceux qui souffrent de colopathies, de colites ou d'autres troubles fonctionnels du système gastro-intestinal. Le but de ce livre est de vous faire découvrir des aliments naturels et sains, des ingrédients merveilleux – que vous ne connaissez peut-être pas, ou que vous ne savez pas comment intégrer à vos repas. Nous voulons vous faire abandonner les produits industriels et vous donner la capacité de composer vous-même vos repas avec des aliments qui vous donneront force et vitalité, au-delà de ce que vous pouvez imaginer.

Vous pouvez naturellement procéder à des changements dans toutes ces recettes. Si vous n'aimez pas un ingrédient ou n'arrivez pas à le trouver, supprimez-le ou remplacez-le par un autre.

Achetez des produits de saison pour les ajouter à vos recettes. Soyez créatif et n'ayez pas peur de faire des erreurs. Surtout, prenez du plaisir en cuisine et appropriez-vous ces recettes pour les faire vôtres.

PARTIE I

Changer d'alimentation

Adieu les barres énergétiques...

Bienvenue au bol d'açaï de Kate !

CHAPITRE 1

Le déjeuner

« Le déjeuner est le repas le plus important de la journée. » On le dit, mais ce n'est vrai que s'il comporte suffisamment d'aliments riches en nutriments, qui vous apporteront de l'énergie tout au long de la journée ; ça ne l'est en aucun cas pour le déjeuner traditionnel, plein de sucres, de sel et de matières grasses. Nous vous proposons ici nos recettes préférées pour un déjeuner fortifiant, des plats qui vous stimuleront et vous donneront assez de tonus pour l'entraînement le plus redoutable, mais vous êtes libres d'adopter ces recettes à tout moment de la journée.

Mini-frittatas (page 28)

Mini-frittatas

Quand on est occupé, on a tendance à se contenter de plats tout prêts, ou de muffins achetés au passage, après un jogging. Essayez plutôt ces petites bouchées d'œufs et de légumes, faciles à faire et à emporter. Préparez-les, puis conservez-les au réfrigérateur et prenez-en une en partant.

- 2 cuil. à soupe d'huile de coco ou de beurre bio
- 11 œufs bio de poules élevées en plein air
- 1 cuil. à café de curcuma
- 1 cuil. à café de poivre de Cayenne
- 2 cuil. à café de sel de mer
- 2 cuil. à café de poivre du moulin
- 70 g de chou kale, haché
- 40 g d'oignon, haché

Préchauffez le four à 180 °C (350 °F). Enduisez largement un moule à muffins d'huile de coco.

Battez les œufs avec le curcuma, le poivre de Cayenne, le sel et le poivre du moulin.

Dans un autre bol, mélangez le chou et l'oignon.

Remplissez les alvéoles du moule à muffins aux 3/4 d'œufs battus.

Répartissez les légumes sur les œufs.

Enfournez pour 20 minutes.

Pour 4 portions environ

Conseil : *essayez ou complétez avec d'autres légumes, comme des poivrons rouges ou des dés de patates douces cuites au four.*

LE SAVIEZ-VOUS ? **On a accusé les œufs d'être mauvais pour la santé, à cause de leur taux de cholestérol. Des études récentes ont prouvé que l'impact sur le cholestérol sanguin est en réalité très faible. Alors oui, vous pouvez et vous devez manger les œufs entiers, plutôt que les blancs seuls. Les jaunes contiennent des oméga 3, des vitamines E, B5, A et D, ainsi que de la lutéine et de la choline. Les œufs bio de poules élevées en plein air sont peut-être un peu plus chers, mais leur valeur nutritionnelle est bien meilleure que celle des œufs de poules élevées en cage.**

◗ APRÈS L'ENTRAÎNEMENT ◗ BASE NUTRITIONNELLE ESSENTIELLE ◗ SANS GLUTEN ◗ SANS PRODUITS LAITIERS

Brouillade de chou kale et de saumon fumé

Voici l'un de nos plats préférés après une longue matinée d'entraînement. Il est simple et rapide à préparer, riche en protéines, acides gras oméga 3 et antioxydants qui favorisent la récupération. Une pincée de curcuma, aux propriétés anti-inflammatoires, en fera un déjeuner d'exception. Adaptez la recette en fonction de vos goûts, en ajoutant les légumes dont vous disposez, comme des carottes, des courgettes ou des poivrons.

- 1 cuil. à café d'huile de coco, de beurre bio ou de ghee bio
- 80 g d'oignon, haché
- 100 g de chou kale, de chou vert ou de bette, hachés
- 120 g de saumon sauvage fumé
- 4 œufs
- Sel de mer, poivre du moulin et curcuma, selon le goût

Faites chauffer l'huile de coco ou le beurre à feu moyen, dans une poêle de taille moyenne.

Faites revenir l'oignon et le chou kale (ou les autres feuilles vertes) pendant 3 minutes.

Ajoutez le saumon et laissez cuire encore 1 minute.

Cassez les œufs directement dans la poêle et remuez aussitôt à la spatule, en mêlant les œufs, le saumon, le chou et les oignons.

Salez, poivrez et assaisonnez de curcuma selon le goût.

Pour 2 portions

Le plus !
Ce plat remplace très bien les **œufs et bacon** et les **barres énergétiques** du commerce.

LE SAVIEZ-VOUS ? **Le saumon est riche en oméga 3, un acide gras qui peut améliorer la santé des articulations.**

◗ APRÈS L'ENTRAÎNEMENT ◗ BASE NUTRITIONNELLE ESSENTIELLE ◗ SANS GLUTEN ◗ SANS PRODUITS LAITIERS

Bananes plantain dorées

Nous apprécions les qualités énergétiques et le faible index glycémique des bananes plantain. Servies avec des œufs, elles constituent un déjeuner parfait et ensoleillé. Ou emportez-les pour un petit en-cas rapide.

- 1 grosse banane plantain, en rondelles de 6 mm
- 1 cuil. à café d'huile de coco
- 1 cuil. à café de pur sirop d'érable
- ½ cuil. à café de paprika de Hongrie
- ¼ de cuil. à café de cannelle
- ¼ de cuil. à café de sel de mer
- 1 cuil. à soupe d'huile d'olive, nature ou aromatisée à l'ail

Faites chauffer une poêle à feu moyen à vif et ajoutez l'huile de coco.

Dans un bol, mélangez les épices et l'huile d'olive vierge extra. Enduisez les bananes plantain de ce mélange, avec les doigts, en les enrobant aussi uniformément que possible.

Faites cuire 5 à 8 minutes de chaque côté.

Pour 2 portions

Conseil : *on trouve des bananes plantain dans la plupart des rayons de produits exotiques des grandes surfaces ou dans de plus petites épiceries tropicales. Comme les bananes, les plus vertes sont moins mûres et plus fermes. Laissez-les mûrir : elles deviennent jaunes, tachetées de marron et sont alors plus sucrées.*

LE SAVIEZ-VOUS ? **Très utilisées en cuisine antillaise, les bananes plantain sont de grosses bananes vertes que l'on consomme cuites — à l'eau, frites, grillées ou rôties. Une portion de banane plantain apporte du potassium, des fibres, des vitamines A et B6, ainsi que du magnésium.**

◗ AVANT L'ENTRAÎNEMENT ◗ BASE NUTRITIONNELLE ESSENTIELLE ◗ SANS GLUTEN ◗ VÉGANE ◗ SANS PRODUITS LAITIERS ◗ PAUVRE EN FODMAP

Le plus !
Une bonne alternative **à toutes les préparations industrielles de pommes de terre.**

Crêpes du sportif

Les crêpes sont d'excellents glucides à prendre avant une compétition, mais beaucoup manquent d'éléments nutritifs, sont difficiles à digérer, endorment et donnent des ballonnements. Celles-ci sont composées d'ingrédients naturels très digestes qui vous aideront à concourir comme un pro. Nappez-les de sirop d'érable et régalez-vous !

- 130 g de farine de millet
- ½ cuil. à café de bicarbonate de soude
- 2 cuil. à café de poudre à pâte
- 2 œufs
- 125 g de patate douce cuite, ou en conserve
- 250 ml de lait d'amande ou de lait de riz
- 1 cuil. à café d'huile de coco, de beurre bio ou de ghee bio
- 1 cuil. à soupe de pur sirop d'érable

Mélangez tous les ingrédients secs dans un bol.

Dans un autre, battez les œufs avec la patate douce et le lait d'amande.

Combinez les ingrédients humides et secs. Mélangez bien.

Faites chauffer l'huile de coco ou le beurre à feu moyen, dans une poêle.

Déposez à la cuillère 6 petites masses de la préparation et faites cuire 2 minutes. Retournez ces crêpes et faites cuire encore 1 minute.

Pour 6 portions

Le plus !
Une bonne alternative aux aliments riches en hydrates de carbone, tels que **muffins**, **bagels** et **crêpes classiques**.

LE SAVIEZ-VOUS ? **La patate douce libère lentement son énergie. Facile à digérer, riche en bêta-carotène, un antioxydant, et en vitamine C, c'est l'un de nos aliments favoris pour le sport.**

◗ AVANT L'ENTRAÎNEMENT ◗ BASE NUTRITIONNELLE ESSENTIELLE ◗ SANS GLUTEN
◗ SANS PRODUITS LAITIERS ◗ PAUVRE EN FODMAP

Crêpes minute

Ces crêpes sont très simples à réaliser, avec ce que vous avez dans le placard de votre cuisine. Elles sont aussi bonnes avant qu'après l'entraînement. Préparez-les à l'avance, tartinez-les d'un beurre de noix, de noisette ou d'amande et pliez-les en deux pour faire des sandwichs à emporter.

- 2 bananes moyennes
- 4 œufs bio de poules élevées en plein air
- 2 cuil. à soupe de graines de chia
- 1 cuil. à café de cannelle
- ½ cuil. à café de sel de mer
- 1 ½ cuil. à café d'extrait de vanille
- 1 cuil. à soupe d'huile de coco, de ghee ou de beurre bio
- Noix hachées, fruits ou sirop d'érable pour la garniture (facultatif)

Mixez les bananes au robot, avec les œufs, les graines de chia, la cannelle, le sel et la vanille. Faites chauffer l'huile de coco ou le beurre dans une grande poêle, à feu moyen à vif.

Divisez le mélange en portions de 115 g (dans une mesure ou dans une tasse). Versez-en une dans la poêle. Faites cuire environ 1 minute, jusqu'à ce que des bulles se forment en surface. Retournez la crêpe et faites cuire à nouveau 1 minute.

Répétez l'opération, en rajoutant un peu d'huile dans la poêle entre chaque crêpe, si nécessaire.

Pour 4 petites crêpes

Le plus !
Ces crêpes remplacent agréablement les **crêpes traditionnelles** ou les **bagels**.

▸ AVANT L'ENTRAÎNEMENT ▸ APRÈS L'ENTRAÎNEMENT ▸ SANS GLUTEN ▸ SANS PRODUITS LAITIERS
▸ PAUVRE EN FODMAP

Œufs McMardigans

Quand Tara était enfant, son père, entraîneur de basket depuis 30 ans, lui a raconté qu'il avait inventé l'œuf McMardigans et que McDonald's l'avait simplement copié. Elle le croit encore !

- 3 œufs
- 1 cuil. à soupe d'huile d'olive
- 2 cuil. à soupe de pignons de pin
- 1 poivron rouge grillé, haché et égoutté
- 100 g de roquette ou d'épinards
- ½ cuil. à café de sel de mer
- ½ cuil. à café de poivre du moulin
- 2 muffins anglais sans gluten (ou votre pain préféré)
- 1 cuil. à soupe de beurre bio (facultatif)

Versez l'huile dans une casserole et faites chauffer, à feu doux à moyen.

Ajoutez les œufs, puis les pignons de pin et les poivrons grillés (dessus ou à côté selon la taille de la casserole). Salez et poivrez. Faites cuire 2 ou 3 minutes, puis ajoutez la verdure. Laissez encore 2 ou 3 minutes sur le feu, jusqu'à ce que les jaunes soient à bonne consistance et que les feuilles commencent juste à s'affaisser.

Servez ces œufs, selon vos préférences, sur des muffins anglais, du pain ou des toasts.

Pour 2 portions

Conseil : *pour ces œufs, Tara ne jure que par l'huile d'olive citronnée. Ajoutez des dés de petits poivrons colorés (les hacher ne vous prendra qu'une minute). Essayez la recette avec des œufs brouillés.*

▸ AVANT L'ENTRAÎNEMENT ▸ APRÈS L'ENTRAÎNEMENT ▸ BASE NUTRITIONNELLE ESSENTIELLE
▸ SANS GLUTEN ▸ SANS PRODUITS LAITIERS ▸ PAUVRE EN FODMAP

Halloumi à la figue et à l'avocat

Le halloumi est un fromage salé assez ferme, associant lait de brebis et lait de chèvre. C'est une base idéale pour toutes sortes de recettes. Ici, une purée de figue associée à des lamelles d'avocat constitue un apport complet de glucides, de protéines et de bonnes matières grasses pour un déjeuner ou un en-cas équilibré et nourrissant.

- 6 à 8 figues fraîches, coupées en 4
- 1 avocat mûr
- Le jus de 1 lime
- 1 cuil. à soupe d'huile de coco
- 225 g de halloumi, coupé en 8 tranches
- Poivre du moulin, selon le goût

Mixez les figues en purée au mélangeur ou au robot. Mettez-la dans un petit bol.

Coupez l'avocat en 8 tranches fines et arrosez-les du jus de lime.

Faites chauffer l'huile de coco dans une poêle. Faites revenir les tranches de halloumi 2 ou 3 minutes de chaque côté, jusqu'à ce qu'elles soient enveloppées d'une croûte dorée. Retirez-les.

Étalez 1 cuillerée à soupe de purée de figue sur chaque tranche de fromage, avant de poser une lamelle d'avocat.

Servez aussitôt. L'ensemble est bien meilleur quand le fromage est encore chaud.

Conseil : *on peut supprimer l'avocat, mais l'accord avec le halloumi et la figue est idéal. Pour plus d'originalité, vous pouvez aussi les cuisiner en brochettes.*

◗ APRÈS L'ENTRAÎNEMENT ◗ BASE NUTRITIONNELLE ESSENTIELLE ◗ SANS GLUTEN

Le plus !
Servez à l'apéritif – c'est un **amuse-bouche** idéal – ou associez à des **légumes verts** dans une **belle salade** pour le dîner ou le souper.

Bol d'açaï de Kate

À Kona, sur l'île d'Hawaï, où l'Iroman est né, triathloniens amateurs et professionnels font tous la queue devant une petite cabane pour des bols d'açaï. Quand Kate a participé à cette compétition, elle en aurait bien mangé toute la journée. De retour à la maison, elle a essayé de reproduire ce mélange. Rien ne semble égaler ces bols d'açaï de Kona. Kate a découvert cette recette sur le site « Breakfastcriminals » – les déjeuners qui tuent ! – et convaincu Ksenia, sa créatrice, de la partager.

100 g de baies d'açaï surgelées
125 g de fraises surgelées
90 g de mangue surgelée*
160 ml d'eau de coco ou d'érable
60 ml de jus d'aloe vera, non sucré

1 banane
1 cuil. à café de poudre de maca

Pour la garniture :
1 cuil. à soupe de fèves de cacao crues
1 cuil. à soupe de mûres (facultatif)

Réunissez tous les ingrédients dans le bol d'un mélangeur et mixez-les finement.

Si le mélange est trop épais, diluez lentement avec du lait d'amande ou de l'eau, en continuant à mixer jusqu'à l'obtention d'une consistance mousseuse.

Pour 1 portion

Conseil : *variez les garnitures ! Vous pouvez essayer des petits fruits, des rondelles de banane, des copeaux de noix de coco non sucrés, des baies de goji, des amandes effilées ou des graines de chia.*

Le plus !
Cette mousse est un excellent substitut aux **céréales** ou aux **flocons d'avoine** du déjeuner. Vous pouvez aussi en faire un **sorbet** ou un **dessert.**

LE SAVIEZ-VOUS ? **Les baies d'açaï contiennent beaucoup d'antioxydants qui protègent les cellules des radicaux libres.**

◗ AVANT L'ENTRAÎNEMENT ◗ APRÈS L'ENTRAÎNEMENT ◗ SANS GLUTEN ◗ SANS PRODUITS LAITIERS ◗ VÉGANE

*Version PAUVRE EN FODMAP : remplacez la mangue par des dés d'ananas surgelés.

Gruau fortifiant au chocolat

Riches en nutriments et très digestes, les graines d'amarante sont de parfaits hydrates de carbone à prendre au déjeuner, avant l'entraînement. Kate se fait souvent ce gruau la veille d'un Ironman, pour préparer ses muscles.

- 100 g de graines d'amarante
- 300 ml d'eau
- ¼ de cuil. à café de sel de mer
- 1 cuil. à café de poudre de maca
- 2 cuil. à soupe de cacao en poudre
- 1 cuil. à soupe de pur sirop d'érable
- 1 banane, coupée en rondelles

Mélangez l'eau et les graines d'amarante dans une casserole. Portez à ébullition, puis baissez le feu, couvrez et faites cuire 15 minutes à petits bouillons, en remuant de temps en temps.

Ajoutez le sel, la poudre de maca, le cacao et le sirop d'érable.

Servez garni de rondelles de banane.

Pour 2 portions

LE SAVIEZ-VOUS ? **Riche en protéines, l'amarante est une bonne source de lysine et de méthionine, des acides aminés que l'on ne trouve qu'en petite quantité dans d'autres céréales. Elle contient quatre fois plus de calcium et deux fois plus de fer et de magnésium que le blé. La maca vous aide à réguler votre taux de cortisol, une hormone liée au stress.**

◗ AVANT L'ENTRAÎNEMENT ◗ APRÈS L'ENTRAÎNEMENT ◗ BASE NUTRITIONNELLE ESSENTIELLE ◗ SANS GLUTEN ◗ SANS PRODUITS LAITIERS ◗ VÉGANE ◗ PAUVRE EN FODMAP

Granola croustillant au sarrasin

Nous adorons le granola ! Nous en mangeons au déjeuner et en emportons dans nos déplacements sportifs. Celui-ci se prépare facilement à l'avance et on peut en faire deux fois plus. Il est excellent ajouté à notre « Banane au beurre de cajou » (page 67). Il y a beaucoup de mauvais ingrédients dans les granolas du commerce et plus de sucre que dans les confiseries... ce qui n'est pas précisément conseillé pour la santé.

- 240 g de graines de sarrasin
- 75 g de raisins secs ou de cerises séchées (ou un mélange des 2)
- 30 g de graines de citrouille crues
- 2 cuil. à soupe de cacao en poudre cru
- 1 cuil. à café de poudre de maca
- 2 cuil. à soupe de pur sirop d'érable
- 1 cuil. à café de sel de mer

Préchauffez le four à la température la plus basse ou mettez-le en fonction déshydratation.

Rincez le sarrasin à l'eau froide.

Réunissez tous les ingrédients dans un bol et homogénéisez bien.

Étalez le mélange en couche fine sur une plaque de cuisson et enfournez pendant 1 heure.

Sortez du four, laissez refroidir et mettez le granola dans une boîte hermétique pour le conserver frais plus longtemps.

Pour 4 portions

Conseil : *vous pouvez faire tremper le sarrasin 6 à 8 heures à l'eau froide, pour faire germer les graines. Cela développe les enzymes et augmente les éléments nutritifs. Ce n'est pas indispensable, mais en organisant son temps, c'est simple à faire.*

Le plus !
Traditionnellement on sert le granola avec du lait ; pour un gruau on fait chauffer le lait. Ce granola est une bonne alternative aux **céréales** et aux **granolas du commerce.**

LE SAVIEZ-VOUS ? **Malgré le nom de blé noir qu'on lui donne aussi, le sarrasin n'a pas de rapport avec le blé. C'est une pseudo-céréale de la famille de la rhubarbe et de l'oseille. Plus digeste que les autres céréales complètes, il est bon pour le système cardiovasculaire et régule la glycémie sanguine. C'est un excellent aliment énergétique.**

▸ AVANT L'ENTRAÎNEMENT ▸ APRÈS L'ENTRAÎNEMENT ▸ BASE NUTRITIONNELLE ESSENTIELLE ▸ SANS GLUTEN ▸ SANS PRODUITS LAITIERS ▸ VÉGANE

CHAPITRE 2

Dîners et soupers

À la base, ces deux repas sont interchangeables. Les plats sont ici plus consistants, car ils doivent vous redonner de l'énergie pour la seconde partie de la journée. L'équilibre des protéines, des bonnes matières grasses, des fibres et des légumes colorés vous évitera les grignotages intempestifs. Il est temps pour vous d'améliorer vos repas principaux. Plus nourrissants, ces plats nécessitent quelques heures de digestion avant ou après l'entraînement, pour que vous ayez largement le temps d'assimiler leurs nutriments.

Petits burgers de patate douce (page 42)

Petits burgers de patate douce

Ces petits burgers font maintenant partie de nos habitudes après une longue séance d'entraînement. Il y a dans cette association de quoi ressusciter un athlète après un dur effort. C'est une idée de Charlotte Mason du site Kaleyeahcatering.com. Nous avons beaucoup apprécié qu'elle partage avec nous sa recette la plus populaire !

Sandwichs :

- 2 patates douces bio, d'au moins 7,5 cm de diamètre
- 1 cuil. à café de paprika
- Sel de mer et poivre du moulin, selon le goût
- 2 cuil. à soupe d'huile de coco ou de ghee bio

Boulettes :

- 450 g de bœuf nourri à l'herbe, haché
- 1 cuil. à café de sel de mer
- 1 cuil. à café de poivre du moulin
- 4 cuil. à soupe d'huile d'olive

Garniture :

Laitue, tomate... Tout ce qui vous tente !

Préchauffez le four à 200 °C (375 °F).

Coupez les patates douces en rondelles de 6 mm d'épaisseur. Étalez-les en une seule couche sur une plaque de cuisson à rebord. Saupoudrez le paprika, le sel et le poivre. Enduisez d'huile de coco ou de ghee et faites cuire 25 minutes, jusqu'à ce que le bord des tranches commence à être croustillant.

Façonnez la viande en 4 boulettes légèrement aplaties. Salez, poivrez et arrosez d'huile d'olive.

Faites cuire les boulettes au gril ou dans une poêle, à feu moyen à vif, 3 à 4 minutes de chaque côté, jusqu'à ce que la viande soit cuite à cœur.

Placez chaque boulette de bœuf et la garniture de votre choix (tomate, oignon, laitue, etc.) entre 2 rondelles de patate douce et maintenez l'ensemble avec une pique en bois.

Pour 4 burgers

Conseil : *ces petits burgers sont pratiques à emporter à un buffet ou une soirée. Ils feront certainement un tabac !*

Le plus !
Une bonne option pour remplacer les **hamburgers traditionnels** ou les **sandwichs**

LE SAVIEZ-VOUS ? **Le bœuf bio nourri à l'herbe, bien que plus onéreux, est nutritionnellement très supérieur. Il contient de deux à quatre fois plus d'acides oméga 3 et beaucoup plus de vitamine B et de minéraux. Et il ne contient pas d'antibiotiques, contrairement au bœuf d'élevage classique.**

▸ APRÈS L'ENTRAÎNEMENT ▸ BASE NUTRITIONNELLE ESSENTIELLE ▸ SANS GLUTEN ▸ SANS PRODUITS LAITIERS ▸ PAUVRE EN FODMAP

Les boulettes-santé de Tara

Les boulettes sont l'exemple parfait de plat chaleureux qui nous rappelle les soirées spaghettis de notre enfance. Celles-ci sont à la fois savoureuses et diététiques, car la dinde est moins grasse. Tara a appris en sciences de l'alimentation que le pruneau donnait du moelleux aux viandes maigres. Servez ces boulettes avec vos pâtes en sauce préférées, la veille d'une rencontre sportive.

- 4 cuil. à soupe d'huile d'olive
- 3 gousses d'ail écrasées
- 1 poireau, bien lavé et finement haché
- 1 œuf, légèrement battu
- 3 cuil. à soupe de yogourt nature
- 1 cuil. à soupe de pur sirop d'érable ou de miel bio
- 1 cuil. à soupe de moutarde forte
- 2 pruneaux dénoyautés, hachés très finement ou en purée
- 2 cuil. à café de paprika de Hongrie
- ½ cuil. à café de moutarde sèche
- 680 g de dinde hachée (ou une combinaison de bœuf et porc ou de la saucisse).
- 40 g de chapelure
- 1 cuil. à soupe de persil plat et 1 d'origan séché, finement hachés
- Sel de mer et poivre du moulin, selon le goût

Faites chauffer 2 cuillerées à soupe d'huile d'olive dans une poêle à feu moyen. Ajoutez l'ail, le poireau, du sel et du poivre. Faites cuire quelques minutes, avec un peu d'eau, jusqu'à ce que les poireaux soient tendres. Laissez refroidir 5 minutes.

Versez l'ensemble dans un grand bol. Ajoutez l'œuf, le yogourt, le sirop d'érable, la moutarde forte, les pruneaux, le paprika, la moutarde sèche. Remuez bien à la fourchette.

Ajoutez la viande hachée, ½ cuillerée à café de sel et mélangez. Ajoutez la chapelure, les herbes et homogénéisez à nouveau.

Formez des petites boulettes, avec vos mains humides ou une grande cuillère.

Versez l'huile restante dans une poêle moyenne, à feu moyen et faites revenir les boulettes en plusieurs fois. Retournez-les souvent, pendant 10 à 15 minutes, pour les dorer uniformément et les cuire à cœur (piquez-en une avec une fourchette pour vérifier la cuisson).

Servez sur des pâtes ou réchauffez les boulettes déjà cuites 10 minutes environ à feu doux dans votre sauce préférée.

Pour 4 portions

Conseil : *pour congeler ces boulettes, faites-les d'abord dorer à la poêle, en ne les cuisant qu'à moitié. Rangez-les sur une plaque, en les espaçant, et placez l'ensemble environ 1 heure au congélateur. Mettez-les ensuite dans un sac à congélation ; vous pouvez les conserver jusqu'à 2 mois. Pour les utiliser, laissez-les dégeler 5 minutes, puis mettez-les encore dures dans une casserole de sauce et faites cuire 10 à 15 minutes à petits frémissements.*

◗ APRÈS L'ENTRAÎNEMENT ◗ BASE NUTRITIONNELLE ESSENTIELLE
• Version SANS GLUTEN : utilisez une chapelure de pain sans gluten.

Galettes de patate douce et coulis de bleuets au basilic

Nous avons fait ces galettes un soir pour notre ami Lloyd : il ne pouvait pas s'arrêter d'en manger ! Il les a tellement aimées que Tara et moi les préparons maintenant en quantité le dernier dimanche de chaque mois pour les partager avec les dirigeants, les athlètes et les musiciens du *Wally's*, le légendaire club de jazz de Boston que gèrent Lloyd et sa famille. Ces galettes sont un régal, en même temps qu'un parfait mélange protéines-glucides qui donne de l'énergie et du muscle.

Galettes :

- 90 g de quinoa cuit
- 1 cuil. à soupe d'huile d'olive
- 1 patate douce moyenne avec la peau, lavée et coupée en gros cubes
- 2 grosses gousses d'ail, émincées ou écrasées
- 1 échalote, émincée
- 1 poireau, bien lavé, finement haché
- ½ cuil. à café de sel de mer
- ½ cuil. à café de poivre du moulin
- 60 g de chapelure
- 50 g de copeaux de parmesan (ou d'un fromage similaire)
- 2 cuil. à soupe de coriandre fraîche, hachée
- 1 petite poignée de basilic, haché
- 1 gros œuf, légèrement battu

Coulis de bleuets :

- 300 g de bleuets (ou d'autres petits fruits) frais ou décongelés
- 250 ml d'eau ou d'eau d'érable
- 1 cuil. à soupe de piment en flocons
- 1 petite poignée de basilic, haché
- 2 cuil. à soupe de pur sirop d'érable ou de miel bio
- Le jus de 1 lime
- Sel de mer et poivre du moulin, selon le goût

Faites cuire le quinoa environ 8 minutes dans 235 ml d'eau salée ou du bouillon. Réservez, en égrenant de temps en temps à la fourchette. Pendant la cuisson du quinoa, faites chauffer ½ cuillerée à soupe d'huile d'olive dans une poêle, à feu doux à moyen. Ajoutez les cubes de patate douce, l'ail, l'échalote, le poireau, du sel et du poivre. Couvrez et faites cuire 10 à 12 minutes doucement, jusqu'à ce que la patate douce soit tendre.

Transvasez le contenu de la casserole dans un grand bol et écrasez l'ensemble à la fourchette. Ajoutez le quinoa, la chapelure, le fromage, la coriandre, le basilic, du sel et du poivre et mélangez bien. Incorporez l'œuf et mélangez à nouveau. Formez 4 galettes de taille identique. Faites chauffer ½ cuillerée à soupe d'huile d'olive à feu moyen dans la poêle utilisée auparavant et faites cuire les galettes 4 à 5 minutes de chaque côté, jusqu'à ce qu'elles soient bien dorées.

Réunissez tous les ingrédients du coulis dans le bol d'un mélangeur et mixez jusqu'à l'obtention d'une consistance lisse et onctueuse. Servez dans un petit plat, en décorant d'herbes fraîches.

Pour 4 galettes

▸ APRÈS L'ENTRAÎNEMENT ▸ BASE NUTRITIONNELLE ESSENTIELLE

• Version SANS GLUTEN : utilisez une chapelure de pain sans gluten.

Tempeh laqué

Proche du tofu, fabriqué à partir de graines de soya fermentées, le tempeh est riche en protéines et en éléments nutritifs. Il est facile à cuisiner, mais un peu fade. Mariné dans un simple mélange de moutarde et de sirop d'érable, puis caramélisé, il est métamorphosé !

- 1 paquet de tempeh (225 g)
- 2 cuil. à soupe de sirop d'érable
- 2 cuil. à soupe de moutarde forte ou épicée
- 1 cuil. à soupe d'huile d'olive
- 1 cuil. à café de piment en flocons
- ½ cuil. à café de paprika
- 2 cuil. à soupe d'échalotes vertes, hachées
- 1 cuil. à café de sel de mer
- 1 cuil. à café de poivre

Coupez le tempeh en bâtonnets de 1 cm, ou en cubes si vous préférez.

Dans un bol, mélangez le sirop d'érable, la moutarde, l'huile d'olive, le piment, le paprika, l'ail, l'échalote, le sel et le poivre.

Mettez les morceaux de tempeh dans un sac à congélation, versez la marinade et remuez pour bien les enrober. Laissez mariner quelques heures au réfrigérateur, ou jusqu'au lendemain.

Préchauffez le four à 180 °C (350 °F). Disposez les morceaux de tempeh dans un plat à four et enfournez pour 25 à 30 minutes.

Servez sur un lit de salade ou accompagnez de légumes ou de graines.

Pour 2 portions

◗ BASE NUTRITIONNELLE ESSENTIELLE ◗ SANS GLUTEN ◗ SANS PRODUITS LAITIERS ◗ VÉGANE ◗ PAUVRE EN FODMAP

Poulet citron-basilic et pâtes de riz brun

Repas de pâtes et compétitions vont de pair. La veille de votre prochaine épreuve, essayez ces délicieuses pâtes de riz brun, très faciles à préparer.

- 450 g de poitrine de poulet
- 4 cuil. à soupe d'huile d'olive
- Sel de mer et poivre du moulin, selon le goût
- 1,2 l d'eau
- 400 g de penne de riz brun
- 150 g de petits pois, frais ou congelés
- 16 feuilles de basilic ciselées
- 4 cuil. à soupe de jus de citron frais

Préchauffez le four à 180 °C (350 °F).

Posez le poulet sur une plaque de cuisson, arrosez-le de 1 cuillerée à soupe d'huile d'olive, salez et poivrez. Enfournez pour 40 minutes.

Pendant la cuisson, portez 1 litre d'eau à ébullition dans une casserole moyenne. Ajoutez les pâtes et faites-les cuire 11 minutes.

Versez le reste de l'eau dans une casserole, portez à ébullition et faites cuire les petits pois 5 minutes. Égouttez les pâtes et les petits pois et réservez.

À l'aide de deux fourchettes, effilochez le poulet refroidi. Ajoutez-le aux pâtes et aux petits pois, ainsi que l'huile d'olive restante, le basilic, le jus de citron, du sel et du poivre. Mélangez.

Pour 4 portions

◗ APRÈS L'ENTRAÎNEMENT ◗ BASE NUTRITIONNELLE ESSENTIELLE ◗ SANS GLUTEN ◗ SANS PRODUITS LAITIERS ◗ PAUVRE EN FODMAP

Le chili de poulet de Maman

Ce chili réconfortant est étonnamment léger et sain. Pour le préparer rapidement, il suffit de s'occuper des autres ingrédients pendant la cuisson du poulet. Riche en protéines, en fibres et en fer, c'est un plat équilibré qui régénérera vos muscles après un entraînement intensif. Mais c'est aussi un plat chaleureux pour une soirée-canapé entre amis devant un match de hockey. Et vous avez certainement déjà la plupart des ingrédients sous la main pour improviser ce repas.

- 3 ou 4 poitrines de poulet désossées (environ 350 g)
- 1 cuil. à soupe d'huile d'olive
- 1 gros oignon jaune, haché
- 1 poivron vert moyen, haché
- 4 gousses d'ail, émincées
- 1 piment rouge (japaleño), sans les graines, émincé
- 2 cuil. à soupe de poudre de chili
- 1 cuil. à café de cumin
- 1 cuil. à café d'origan frais (ou ½ cuil. à café d'origan séché)
- ½ cuil. à café de poivre de Cayenne
- 474 ml de tomates en conserve, broyées
- 250 ml de sauce chili
- 350 ml de bouillon de volaille
- 2 cuil. à café de sauce Worcestershire
- ¼ de cuil. à café de sel de mer
- ½ cuil. à café de poivre du moulin
- 540 ml (1 boîte) de haricots rouges au naturel, en conserve, rincés et égouttés
- 200 g de haricots blancs en conserve, rincés et égouttés

Facultatif :

- 230 g de yogourt à la grecque (apporte du lactose)
- 80 g d'oignon rouge, haché

Préchauffez le four à 180 °C (350 °F).

Enduisez le poulet de quelques gouttes d'huile d'olive et saupoudrez-le d'une pincée de sel. Recouvrez-le d'aluminium et enfournez pour 45 minutes. Retirez-le du plat de cuisson et laissez-le refroidir un peu. Coupez-le en dés pendant qu'il est encore chaud.

Pendant la cuisson, faites revenir l'oignon, le poivron, l'ail et le piment 5 minutes à feu moyen avec le reste de l'huile d'olive.

Ajoutez la poudre de chili, le cumin, l'origan et le poivre de Cayenne. Faites cuire 1 minute en remuant de temps en temps, puis ajoutez le poulet, les tomates, la sauce chili, le bouillon, la sauce Worcestershire, le sel et le poivre. Amenez à petite ébullition et faites cuire 1 à 2 minutes.

Baissez le feu, couvrez et laissez mijoter 15 minutes. Incorporez les haricots, couvrez à nouveau et poursuivez la cuisson pendant encore 5 minutes.

Accompagnez de yogourt et d'oignons rouges et, éventuellement, de votre pain au levain préféré.

Pour 4 portions

Conseils : *pour transformer ce plat en recette végane, il suffit de supprimer le poulet. Pour augmenter les protéines, doublez la quantité de haricots blancs et ajoutez 215 g de pois chiches.*

Pressé ? Achetez un poulet fermier rôti bio et vous gagnerez 45 minutes de temps de cuisson.

Il est également facile de doubler les proportions et de congeler une partie du plat pour un autre repas.

▸ APRÈS L'ENTRAÎNEMENT ▸ BASE NUTRITIONNELLE ESSENTIELLE ▸ SANS PRODUITS LAITIERS
• Version SANS GLUTEN : utilisez du bouillon de volaille, de la sauce chili ou de la sauce Worcestershire sans gluten.

Pizzettas aux légumes rôtis

Le mochi est un gâteau de riz japonais que nous utilisons comme base de ces petites pizzas. C'est un bon plat de résistance pour les repas d'équipe ou les soupers de veille de marathon. Savoureuses, très digestes, elles sont riches en nutriments et tout le monde les aime. On trouve le mochi au rayon frais de certaines grandes épiceries asiatiques et sur les sites Internet d'épiceries japonaises spécialisées.

- 4 échalotes vertes, hachées
- 1 poivron rouge, sans les graines, haché
- 1 poivron jaune, sans les graines, haché
- 1 petite courgette, hachée
- Sel de mer et poivre du moulin, selon le goût
- 1 cuil. à soupe d'huile d'olive ou de ghee + un peu pour le plat
- 1 paquet de mochi prêt à cuire, nature (marumochi ou kirimochi)

Préchauffez le four à 180 °C (350 °F).

Posez les légumes sur une plaque de cuisson, salez et poivrez, puis arrosez-les d'une cuillerée à soupe d'huile d'olive ou de ghee fondu. Faites-les rôtir 15 minutes.

Enduisez une autre plaque de cuisson d'huile d'olive ou de ghee. Coupez le mochi en carrés ou en disques et posez-les sur la plaque.

Recouvrez les disques de mochi de légumes grillés et faites cuire 12 minutes.

Laissez tiédir un peu avant de servir.

Pour 2 portions

Conseil : *utilisez du mochi japonais prêt à cuire. C'est une excellente base de pâte sans agents de conservation ni additifs.*

◗ AVANT L'ENTRAÎNEMENT ◗ APRÈS L'ENTRAÎNEMENT ◗ BASE NUTRITIONNELLE ESSENTIELLE ◗ SANS GLUTEN ◗ SANS PRODUITS LAITIERS ◗ VÉGANE ◗ PAUVRE EN FODMAP

Saumon aux petits pois et aux poireaux

Le saumon est riche en protéines, en oméga 3 aux propriétés anti-inflammatoires et en sels minéraux. C'est un repas délicieux et facile à préparer pour faire le plein d'énergie. Il vous aidera à récupérer rapidement après l'effort et à vous concentrer sur le prochain entraînement.

- 4 pavés de saumon sauvage de 120 g chacun
- 750 ml d'eau
- 3 cuil. à soupe d'huile d'olive
- 4 poireaux, hachés
- 300 g de petits pois, frais ou décongelés
- 2 cuil. à soupe de basilic frais, ciselé
- 190 g de riz complet (facultatif)
- Sel de mer et poivre du moulin, selon le goût

Si vous servez le saumon avec du riz, rincez celui-ci à l'eau froide, mettez-le dans une casserole avec les 750 ml d'eau et portez à ébullition. Couvrez, baissez le feu et faites cuire 30 minutes doucement, à frémissements.

Faites chauffer 2 cuillerées à soupe d'huile d'olive dans une grande poêle, à feu moyen. Ajoutez les poireaux, les petits pois, salez, poivrez et faites cuire 10 minutes. Faites chauffer l'huile restante dans une autre poêle. Salez et poivrez les pavés de saumon et faites-les cuire 4 minutes, en les posant sur le côté peau. Retournez-les et poursuivez la cuisson pendant 3 minutes.

Parsemez le basilic sur les poireaux.

Versez les poireaux aux petits pois dans un plat et posez les pavés de saumon dessus. Accompagnez de riz.

Pour 4 portions

Conseils : *le riz est un complément alimentaire idéal après les longs entraînements ou les soirs précédant les exercices d'endurance. Les jours de repos, diminuez les glucides, en supprimant le riz. Pressé ? Remplacez le saumon frais par du saumon ou des sardines en conserve.*

LE SAVIEZ-VOUS ? **Nous préférons la belle couleur orangée, intense, du saumon sauvage. Quel que soit le poisson que vous choisissez, il faut prendre conscience des dangers de la surpêche. Essayez de trouver du poisson labellisé « Pêche durable MSC ».**

▸ APRÈS L'ENTRAÎNEMENT ▸ BASE NUTRITIONNELLE ESSENTIELLE ▸ SANS GLUTEN ▸ SANS PRODUITS LAITIERS

Nouilles de courgette à la crème d'avocat

Un soir, Alicia, partenaire d'entraînement de Tara et nutritionniste comme elle, avait apporté quelques courgettes avec son ustensile permettant de couper les légumes en spirales et une superbe bouteille de vin espagnol. Cela s'est terminé autour d'un plat de pâtes crémeux... sans pâtes ni crème, et quelques nouvelles pistes de recettes. Avec celle-ci, très saine et pauvre en glucides, vous pourrez défier les plus grands amateurs de fettucine Alfredo.

Nouilles :

3 courgettes moyennes, taillées en spaghettis (ou en fins bâtonnets) au coupe-légumes ou à la mandoline

1 cuil. à soupe d'huile d'olive

Crème d'avocat :

5 cuil. à soupe d'huile d'olive vierge extra

25 g de pecorino (ou de parmesan)

Le jus et le zeste de 1 citron

1 avocat

1 gousse d'ail

1 petite poignée de feuilles de basilic

300 g de tomates cerises, coupées en 2

Sel de mer et poivre du moulin

Pour faire la sauce, réunissez l'huile d'olive, le fromage, le jus et le zeste de citron, l'avocat, l'ail et le basilic dans le bol d'un robot et mixez jusqu'à l'obtention d'une crème épaisse. Salez et poivrez à votre goût.
Pour préparer les nouilles, faites chauffer une poêle à feu moyen et versez l'huile. Ajoutez les courgettes découpées et faites-les cuire quelques minutes à feu doux, en les conservant *al dente*. Retirez du feu.

Pour servir, versez la sauce à l'avocat sur les nouilles. Ajoutez les demi-tomates et remuez délicatement.

Pour 4 portions

Conseil : *on trouve des coupe-légumes en spirales dans certains bons magasins d'articles ménagers, les boutiques spécialisées en cuisine, quelques grandes épiceries ou en ligne. Ce n'est pas très cher et c'est un accessoire merveilleux pour transformer vos légumes.*

« Je prépare tellement de légumes ainsi que je n'achète plus jamais de pâtes. »
ALICIA ANSKIS, DIÉTÉTICIENNE DIPLÔMÉE À L'INSTITUT ANTICANCÉREUX DANA FARBER DE BOSTON

▸ APRÈS L'ENTRAÎNEMENT ▸ BASE NUTRITIONNELLE ESSENTIELLE ▸ SANS GLUTEN

Courge spaghetti à la bolognaise

La courge spaghetti est bien meilleure que des pâtes traditionnelles, car elle est riche en antioxydants comme les vitamines A et C. Quand ce légume est cuit, sa chair prend spontanément la forme de spaghettis. Nous l'utilisons pour cette variante plus légère des traditionnelles pâtes aux boulettes.

- 2 courges spaghetti
- 2 cuil. à soupe d'huile d'olive
- 1 oignon, haché
- 2 gousses d'ail, hachées
- 450 g de bœuf haché bio, nourri à l'herbe
- 2 boîtes (785 g) de tomates broyées
- 4 cuil. à soupe d'origan frais (ou 2 cuil. à soupe d'origan séché)
- 4 cuil. à soupe de basilic frais
- 250 g de feuilles d'épinards, grossièrement hachées
- 1 cuil. à soupe de piment en flocons, ou selon le goût
- Sel de mer et poivre du moulin, selon le goût

Préchauffez le four à 190 °C (375 °F).

Percez plusieurs fois les courges avec une fourchette, posez-les sur une plaque de cuisson et enfournez pour 1 heure.

Pendant ce temps, faites chauffer l'huile d'olive dans une casserole, à feu moyen. Ajoutez l'oignon, l'ail et le bœuf haché et faites cuire en l'émiettant.

Ajoutez les tomates, l'origan, le basilic, les épinards, le piment, du sel et du poivre. Couvrez et laissez mijoter 30 minutes.

Sortez les courges du four. Laissez refroidir un peu et coupez-les en deux dans le sens de la longueur. Retirez les fibres et les graines du cœur, puis effilochez délicatement la chair à la fourchette.

Nappez les spaghettis de courge de sauce bolognaise avant de servir.

Pour 4 portions

◗ APRÈS L'ENTRAÎNEMENT ◗ BASE NUTRITIONNELLE ESSENTIELLE ◗ SANS GLUTEN ◗ SANS PRODUITS LAITIERS

• Version PAUVRE EN FODMAP : supprimez l'oignon et l'ail ; utilisez de l'huile à l'ail.

Soupe Madzoun minute

Cette soupe au yogourt inspirée d'une recette arménienne est l'une des préférées de Tara. Cette version allégée est préparée avec du yogourt nature du commerce et ne demande que le temps de cuire les nouilles. Elle est meilleure tiède mais se sert aussi à température ambiante, ou glacée quand il fait très chaud. Pour Tara, c'est un plat léger et rafraîchissant quelques heures avant une épreuve. C'est une association parfaite de glucides, de sodium et de protéines qui nourrissent les muscles. La menthe favorise la digestion et aide à calmer les ballonnements nerveux avant une compétition importante.

- 125 g (poids sec) de nouilles aux œufs ou de nouilles sans gluten, extra-larges
- 500 ml de bouillon de volaille
- 230 g de yogourt à la grecque nature, au lait entier
- Le jus de 2 citrons
- 1 petite poignée de feuilles de menthe fraîche, ciselées
- ½ cuil. à café de sel de mer
- ½ cuil. à café ou plus de poivre du moulin

Faites bouillir 4 litres d'eau salée. Plongez-y les nouilles et faites-les cuire environ 10 minutes, sans couvrir, en remuant de temps en temps, jusqu'à ce qu'elles soient tendres.

Pendant la cuisson des nouilles, prenez un bol assez grand pour pouvoir tout contenir. Versez le bouillon de volaille, le yogourt, le jus de citron, ajoutez la menthe, du sel, du poivre et remuez jusqu'à l'obtention d'un mélange onctueux. Au début le yogourt est un peu épais, mais il va s'assouplir au fur et à mesure.

Égouttez les nouilles et mettez-les dans le bol. Mélangez-les au reste des ingrédients. Leur chaleur va tiédir l'ensemble.

Servez sans attendre.

Pour 3 portions (à raison d'un bol de 330 g par personne)

◗ AVANT L'ENTRAÎNEMENT ◗ APRÈS L'ENTRAÎNEMENT ◗ BASE NUTRITIONNELLE ESSENTIELLE

• Version SANS GLUTEN : utilisez du bouillon de volaille et des nouilles sans gluten.

• • Version PAUVRE EN FODMAP : utilisez du yogourt nature sans lactose.

Burger végétarien

C'est en faisant son devoir de jurée que Tara a rencontré Mat Shaffer, un autre juré, critique gastronomique au *Boston Herald*. S'étant liés d'amitié lors du procès, ils ont ensuite partagé leur passion commune pour la cuisine. Ils mangent souvent ensemble au restaurant et partagent leurs meilleures recettes. Ce burger végétarien minute de Mat est inratable.

- 450 g de haricots blancs cannellini, en conserve, rincés et égouttés
- 2 œufs entiers battus
- 1 petite poignée de persil, grossièrement haché
- 25 g de parmesan râpé
- 2 cuil. à café de moutarde forte
- ½ cuil. à café de sel de mer
- ½ cuil. à café de poivre du moulin
- Le jus de 1 citron
- 80 à 100 g de chapelure grillée
- 2 cuil. à soupe d'huile d'olive

Préchauffez le four à 190 °C (375 °F).

Écrasez les haricots au presse-purée ou à la fourchette. Ajoutez les œufs, le persil, le fromage, la moutarde, du sel, du poivre et le jus de citron. Incorporez assez de chapelure pour donner de la consistance au mélange.

Laissez reposer 5 à 10 minutes, pour que la chapelure s'imbibe bien d'humidité, puis façonnez 4 galettes.

Faites chauffer l'huile à feu moyen dans une poêle ou un plat allant au four. Faites revenir les galettes pendant 6 à 10 minutes, pour bien les dorer des 2 côtés.

Enfournez et faites cuire encore pour 12 à 15 minutes, jusqu'à ce qu'elles soient fermes et cuites à cœur.

Servez tel quel, ou sur vos petits pains préférés.

Conseils : *vous pouvez remplacer les haricots blancs par des haricots rouges, des haricots noirs ou des pois chiches, mais Mat ne jure que par les haricots blancs.*
Il sert ces galettes sur du pain brioché poivré, garni de salade, de carotte, d'oignon rouge, de tomate et de concombre.

◗ APRÈS L'ENTRAÎNEMENT ◗ BASE NUTRITIONNELLE ESSENTIELLE
• Version SANS GLUTEN : utilisez de la chapelure sans gluten.

Tacos au poisson

Vous ne résistez pas à la cuisine mexicaine ? Retrouvez-en toutes les saveurs, sans excès de fromage, de sucres raffinés et de matières grasses. La prochaine fois que vous aurez envie de mexicain, cette recette express sera pour vous.

- 8 tortillas bio
- 2 cuil. à café d'huile d'olive ou de ghee bio
- ½ cuil. à café de cumin moulu
- 1 gousse d'ail, émincée
- ½ cuil. à café de paprika
- Sel de mer et poivre du moulin, selon le goût
- 4 pavés de morue, d'environ 170 g chacun

Pour la garniture :

- 1 avocat, coupé en dés
- 2 poivrons, coupés en dés
- 45 g de chou, haché
- 1 petite poignée de coriandre fraîche
- 1 lime, coupée en quartiers

Sauce :

Guacamole ou notre Gua-kale-mole, page 103 (facultatif)

Préchauffez le four à 150 °C (300 °F).

Enveloppez les tortillas dans du papier d'aluminium et mettez-les à réchauffer dans le four.

Faites chauffer l'huile d'olive ou le ghee dans une grande poêle à feu moyen.

Mélangez le cumin, l'ail, le paprika, du sel et du poivre. Posez le poisson dans la poêle et saupoudrez-le du mélange d'épices. Faites cuire 3 minutes, puis retournez-le et poursuivez la cuisson pendant encore 3 minutes, jusqu'à ce qu'il soit cuit à cœur.

Présentez les ingrédients de la garniture dans des bols séparés pour faciliter le service.

Sortez les tortillas du four et posez une part de poisson sur chacune. Garnissez au goût de chacun.

Pour 4 portions

Conseil : *n'importe quel autre poisson ou fruit de mer convient (thon ou crevettes sauvages, par exemple). Et éventuellement, remplacez-le par votre viande préférée.*

◗ APRÈS L'ENTRAÎNEMENT ◗ BASE NUTRITIONNELLE ESSENTIELLE ◗ SANS GLUTEN ◗ SANS PRODUITS LAITIERS

Wraps tout verts

Imaginez le scénario : la cafétéria du stade de Fort Myers, en Floride, un bel après-midi de février, au camp d'entraînement des Red Sox de Boston. Plus de cinquante jeunes hommes affamés viennent dîner après une longue matinée d'exercice.

Tara a été nutritionniste de l'équipe pendant une dizaine d'années et elle cherchait à faire découvrir aux joueurs une alimentation naturelle, savoureuse et saine. Les sandwichs étaient toujours très appréciés et Tara travaillait en étroite collaboration avec les trois chefs (Shannon, Shorty et Lee) pour optimiser la performance des jeunes. Le pain traditionnel, pauvre en nutriments, est ici remplacé par des feuilles de chou fraîches. Sans les annoncer, les cuisiniers ont disposé ces rouleaux d'un vert éclatant sur le comptoir. Tout est parti en quelques minutes ! Les Wraps tout verts étaient nés, et les Red Sox devaient remporter le championnat cette année-là. Coïncidence ?

4 grandes feuilles de chou cavalier (collard), sans tiges, lavées et épongées

225 g de dinde cuite au naturel, finement émincée

8 cuil. à café de moutarde épicée (ou 60 g de houmous)

120 g de mozzarella, coupée en 4 tranches

180 g de poivrons grillés en bocal, égouttés

Posez les feuilles sur une planche ou le plan de travail propre. Étalez 2 cuillerées à café de moutarde (ou une cuillerée à soupe de houmous) sur chacune.

Répartissez la dinde, la mozzarella et les poivrons sur les feuilles.

Enroulez les feuilles autour de la garniture pour former des wraps, en repliant les bords qui dépassent.

Pour 4 portions

Conseils : *le houmous est une délicieuse garniture. L'huile d'olive vierge extra et le vinaigre sont bons aussi.*

On peut assouplir les feuilles en les plongeant très rapidement dans l'eau bouillante. Ressortez-les aussitôt, secouez-les et posez-les quelques minutes sur un lit de glaçons. Cette opération n'est pas indispensable.

Le plus !
Ces wraps remplacent bien les **tortillas vertes à l'épinard**, qui contiennent moins de 1 % d'épinard et doivent leur vert à du colorant alimentaire.

▸ APRÈS L'ENTRAÎNEMENT ▸ BASE NUTRITIONNELLE ESSENTIELLE ▸ SANS GLUTEN
• Version SANS PRODUITS LAITIERS : remplacez la mozzarella par du houmous.
• Version PAUVRE EN FODMAP : supprimez le houmous.

Billes de noix de cajou
(page 62)

CHAPITRE

3

Collations

Grignoter ou pas ? En cas de fringale, il vaut mieux avoir sous la main quelque chose de bon pour ne pas manger n'importe quoi. Quand vous êtes affamé, si vous foncez vers la machine distributrice du bureau ou le dépanneur du coin, vous avez toutes les chances de finir avec des barres prétendument énergétiques aux vertus prometteuses (« nature », « riche en protéines »), mais composées d'ingrédients dont vous n'avez jamais entendu parler. Quand votre corps réclame, une solution : ces bouchées vraiment naturelles et riches en nutriments. Elles sont aussi faciles à faire à l'avance qu'à emporter.

- Billes de noix de cajou
- Billes à l'amande
- Barres BQ de Micah
- Chips de betterave au thym
- Bananes au beurre de cajou
- Mélange du randonneur
- Bouchées pistache-cerise
- Bouchées Mochi
- Biscuits d'aujourd'hui
- Pop'chiches salés
- Pop'chiches sucrés
- Bananes salées
- Les muffins du marathonien
- Chips de chou

Billes de noix de cajou

Rappelez-vous, enfant, lorgnant un bol de pâte à biscuits crue et que l'on vous criait : « Attention aux salmonelles ! »
Ces délicieuses petites billes sont tout simplement bonnes, pleines d'effets bénéfiques et sans risque pour la santé. Elles contiennent des protéines, du magnésium et de la maca, excellente pour diminuer le stress.
Très simples à préparer à l'avance et à emporter, elles sont agréables à grignoter après l'entraînement.

- 340 g de noix de cajou crues
- 2 cuil. à café de poudre de maca
- 1 cuil. à soupe de poudre de protéines de riz brun bio
- 4 cuil. à soupe de pur sirop d'érable
- 2 cuil. à café d'extrait de vanille
- 90 g de fèves de cacao crues hachées ou de copeaux de chocolat noir

Broyez les noix de cajou, la poudre de maca, les protéines, le sirop d'érable et l'extrait de vanille à l'aide d'un robot ou d'un mélangeur puissant. Ne mixez pas trop longtemps pour obtenir une consistance de pâte à biscuits.

Façonnez 12 petites boules à la main. Roulez-les l'une après l'autre dans les fèves de cacao ou les copeaux de chocolat.

Mettez au réfrigérateur ou congelez, dans des sacs alimentaires fermés hermétiquement.

Pour 12 billes

LE SAVIEZ-VOUS ? **Les noix de cajou sont une excellente source de cuivre et de magnésium. Le cuivre préserve la santé des articulations, et le magnésium aide à soulager les crampes et les spasmes musculaires.**

▸ APRÈS L'ENTRAÎNEMENT ▸ BASE NUTRITIONNELLE PLAISIR ▸ SANS GLUTEN ▸ SANS PRODUITS LAITIERS ▸ VÉGANE

Billes à l'amande

Nous avons imaginé ces friandises pour la récupération en pensant à nos barres chocolatées préférées. Les nôtres sont riches en vitamines, en minéraux, en glucides et en protéines qui vous aideront à récupérer plus rapidement. Elles ne contiennent aucun des mauvais ingrédients des confiseries industrielles.

- 215 g d'amandes
- 2 cuil. à café de poudre de maca
- 2 cuil. à soupe de noix de coco hachée, sans sucre
- 1 cuil. à soupe de poudre de protéines de riz brun bio
- 4 cuil. à soupe de pur sirop d'érable
- 2 cuil. à café d'extrait d'amande
- 90 g de fèves de cacao crues hachées ou de copeaux de chocolat noir

Broyez les amandes, la poudre de maca, la poudre de protéines, la noix de coco, le sirop d'érable et l'extrait d'amande à l'aide d'un robot ou d'un mélangeur puissant. Ne mixez pas trop longtemps pour obtenir une consistance de pâte à biscuits.

Formez 12 petites boules en les roulant entre les mains, puis passez-les l'une après l'autre dans les fèves de cacao ou les copeaux de chocolat, pour les enrober.

Mettez au réfrigérateur ou congelez, dans des sacs alimentaires fermés hermétiquement.

Pour 12 billes

Le plus !
Ces deux recettes remplacent parfaitement les **biscuits** et toutes les **barres énergétiques** ou **protéinées**.

LE SAVIEZ-VOUS ? **Toutes les protéines en poudre ne se valent pas. Choisissez-en de bonne qualité et sans additifs. Les protéines de riz brun et de chanvre le sont toutes deux, mais évitez les protéines de lactosérum et de soya, extraites chimiquement, qui peuvent nuire à la récupération.**

◗ APRÈS L'ENTRAÎNEMENT ◗ BASE NUTRITIONNELLE PLAISIR ◗ SANS GLUTEN ◗ SANS PRODUITS LAITIERS ◗ VÉGANE ◗ PAUVRE EN FODMAP

Barres BQ de Micah

Micah est une coureuse insatiable, membre de l'association sportive November Project de Boston, qui pose souvent pour le magazine *Runner's World*. Elle est aussi nutritionniste, mère et végane. Elle estime que ces barres l'ont aidée à se qualifier à sa première tentative pour le prestigieux marathon de Boston. Nous adorons littéralement ses barres BQ (comme Boston Qualification !).

- 150 g de flocons d'avoine sans gluten
- 90 g de farine de pois chiche ou de fava
- 30 g de farine de noix de coco
- 3 cuil. à soupe de graines de chia
- 2 cuil. à soupe de graines de lin moulues
- ¼ de cuil. à café de cannelle
- ¼ de cuil. à café de gingembre
- ¼ de cuil. à café de bicarbonate de soude
- ¼ de cuil. à café de poudre à pâte
- ⅛ de cuil. à café de sel de mer
- 115 g de pur sirop d'érable
- 50 g d'huile de coco
- 2 cuil. à soupe de compote de pommes
- 115 g de beurre de graines de tournesol
- 40 g de canneberges ou de cerises séchées
- ¼ de cuil. à café d'extrait de vanille
- ¼ de cuil. à café d'extrait d'amande
- 35 g d'amandes, 55 g de dattes hachées ou 30 g de noix (facultatif)

Préchauffez le four à 180 °C (350 °F).

Enduisez d'un peu d'huile de coco un moule carré de 23 cm.

Réunissez tous les ingrédients secs (des flocons d'avoine au sel) dans un grand bol. Mélangez jusqu'à ce que l'ensemble soit bien homogène.

Faites fondre l'huile de coco au micro-ondes, dans un bol adapté. Dans un autre, mélangez les ingrédients humides (du sirop d'érable à l'extrait d'amande). Quand ils sont à leur tour bien homogénéisés, incorporez-les aux ingrédients secs. Mélangez et versez la préparation dans le moule. Ajoutez si besoin les ingrédients facultatifs. Faites cuire environ 25 minutes, jusqu'à ce que les barres soient bien dorées.

Pour 16 barres environ

Le plus !
Ces barres peuvent se substituer aisément toutes les **barres énergétiques**.

« Savoureuses et copieuses, ces barres sont vite préparées et très riches en nutriments. J'en prépare quand je m'entraîne au marathon et j'en garde un peu pour l'arrivée. La semaine de la course, j'en mange presque un moule entier ; c'est une nourriture idéale en déplacement pour stocker des glucides. Ces barres restent moelleuses et voyagent bien, ce qui en fait une nourriture idéale pour les athlètes toujours en déplacement. »

MICAH. RESPONSABLE DE L'ALIMENTATION, LIGHTERCULTURE.COM.

▸ APRÈS L'ENTRAÎNEMENT ▸ BASE NUTRITIONNELLE PLAISIR ▸ SANS GLUTEN ▸ SANS PRODUITS LAITIERS ▸ VÉGANE

Chips de betterave au thym

Voici de quoi vous convaincre que tous les légumes racines ne sont pas tristes et fades. Les variétés comestibles, comme la betterave, sont riches en nutriments : des fibres, du potassium, des folates, du bêta-carotène et d'autres antioxydants. Ces chips délicates et savoureuses valent mieux que toutes les pommes de terre du monde.

- 2 grosses betteraves, ou 4 moyennes avec quelques petites feuilles vertes fraîches
- 1 cuil. à soupe d'huile d'olive
- 4 branches de thym frais (ou des tiges d'aneth)
- Sel de mer et poivre du moulin, selon le goût

Préchauffez le four à 200 °C (400 °F).

Frottez doucement les betteraves sous l'eau froide pour bien les laver, puis essuyez-les avec soin.

Taillez les betteraves en tranches de 2 mm d'épaisseur, à la mandoline ou à la trancheuse.

Disposez les tranches de betterave sur deux plaques de cuisson et enduisez-les d'huile d'olive. Effeuillez les branches de thym au-dessus, puis salez et poivrez.

Enfournez pour 20 à 25 minutes, jusqu'à ce que le bord des tranches commence à dorer. En refroidissant, elles deviendront croustillantes.

Pour 4 portions

Conseil : *les betteraves tachent les doigts et les planches à découper. Enfilez des gants jetables et lavez rapidement vos ustensiles.*

LE SAVIEZ-VOUS ? **Les betteraves sont riches en nitrates. Une réaction chimique du corps les transforme en oxyde nitrique, qui améliore la circulation et vous rend plus endurant et plus résistant à l'entraînement. La cuisson diminuant la quantité de nitrates, essayez le jus de betterave si vous voulez en prendre plus.**
Halte ! Ne jetez pas les petites feuilles vertes : elles sont riches en calcium, en fer et en vitamines A, C et K. Mangez-les en soupe, en smoothie, en accompagnement ou en salade.

▸ APRÈS L'ENTRAÎNEMENT ▸ SANS GLUTEN ▸ SANS PRODUITS LAITIERS
• Version PAUVRE EN FODMAP : remplacez les betteraves par 2 patates douces moyennes.

Bananes au beurre de cajou

Kate a créé ce mélange lorsqu'elle a participé au demi-Ironman du Texas. Il est rapidement devenu un de ses aliments de base, ainsi qu'à ses partenaires d'entraînement. Il est pratique et vite fait, dans votre cuisine ou loin de chez vous.

- 1 banane
- 2 cuil. à soupe de beurre de noix de cajou (ou de noix de pécan, ou d'amande)
- 1 cuil. à café de graines de chia
- 1 cuil. à café de fèves de cacao crues hachées
- 1 pincée de sel de mer

Coupez la banane en rondelles dans un bol ou une coupelle et nappez-la du beurre de cajou. Parsemez les fèves de cacao, les graines de chia et une pincée de sel.

Pour 1 portion

Conseil : *changez un peu ! Complétez votre assiette avec 2 figues séchées émincées, ½ cuillerée à café de poudre de maca et 115 g de notre granola croustillant au sarrasin (page 39).*

Le plus !
Ces bananes remplacent parfaitement les **barres énergétiques** et les **sandwich beurre d'arachide et confiture**.

LE SAVIEZ-VOUS ? **Les graines de chia font partie intégrante des cultures mexicaine et guatémaltèque, où on les cultive depuis des siècles pour leurs effets énergétiques. Connues comme « aliment du coureur », elles sont riches en oméga 3, en protéines et en minéraux. Dans son livre *Né pour courir*, Chris McDougall compare leur apport nutritionnel à celui d'un « smoothie de saumon sauvage, d'épinard et d'hormone de croissance humaine ». Ces graines exceptionnelles amélioreront instantanément tous vos plats.**

◗ APRÈS L'ENTRAÎNEMENT ◗ SANS GLUTEN ◗ SANS PRODUITS LAITIERS ◗ VÉGANE

Mélange du randonneur

Les neveux de Tara, Trent et Brice, aiment emporter ce savoureux mélange pour leurs excursions annuelles sur la Panther Mountain, près de leur chalet familial dans les Adirondacks. Cet en-cas délicat, savoureux et riche en bonnes matières grasses vous permettra de tenir plusieurs heures. Si vous faites une randonnée par forte chaleur, supprimez les copeaux de chocolat pour éviter de vous retrouver avec de la bouillie.

- 1 cuil. à soupe d'huile de coco
- 220 g d'amandes effilées
- 250 g de graines de citrouille crues
- 110 g de graines de tournesol crues
- 1 cuil. à café de sel de mer
- 1 cuil. à café de cannelle
- 6 cuil. à soupe de pur sirop d'érable
- 120 g de cerises ou de canneberges séchées, sans sucre
- 175 g de fèves de cacao hachées ou de copeaux de chocolat noir

Préchauffez le four à 150 °C (300 °F).

Enduisez légèrement une grande plaque de cuisson d'huile de coco.

Étalez les amandes et les graines sur la plaque et saupoudrez-les de cannelle et de sel (sauf si les graines sont déjà salées). Arrosez-les de sirop d'érable et roulez-les pour bien les enrober.

Enfournez pour 15 minutes, puis sortez du four. Répartissez les cerises ou les canneberges, mélangez bien et remettez à cuire 10 minutes.

Laissez refroidir. Ajoutez les fèves de cacao ou les copeaux de chocolat et mélangez.

Pour 28 portions de 55 g environ

Conseil : *pour changer, on peut ajouter des noix de pécan, des noix, ou de la noix de coco râpée déshydratée. Ce mélange peut être conservé environ 2 mois dans une boîte hermétique.*

Le plus !
Cette association remplace bien les **mélanges de fruits secs** et les **barres énergétiques**.

LE SAVIEZ-VOUS ? **La plupart des mélanges de céréales contiennent quantité de mauvaises graisses, de sucres raffinés et d'agents de conservation, désastreux pour la santé. En composant votre propre mélange, vous serez sûr de ne manger que les bonnes choses dont votre corps a besoin.**

« L'escalade est pour nous synonyme de céréales du randonneur : impossible de s'en passer ! Quand repartons-nous en montagne ? »

TRENT ET BRICE

◗ APRÈS L'ENTRAÎNEMENT ◗ BASE NUTRITIONNELLE PLAISIR ◗ SANS GLUTEN
◗ SANS PRODUITS LAITIERS ◗ VÉGANE

• Version PAUVRE EN FODMAP : remplacez les cerises ou les canneberges séchées par des chips de banane non sucrées.

Bouchées pistache-cerise

Ces bouchées nourrissantes sont riches en fibres, en protéines, en bonnes matières grasses et en minéraux. Elles sont une excellente source de vitamine E qui protège le corps des radicaux libres dus au stress, aux toxines environnementales ou aux entraînements très durs. El es sont la preuve que ce qui est bon pour le corps peut aussi être délicieux.

- Huile de coco ou vaporisateur de graisse alimentaire pour le moule
- 150 g de flocons d'avoine sans gluten, crus
- 140 g de quinoa cru, rincé et séché
- 120 g de cerises séchées, grossièrement hachées
- 60 g de pistaches grillées à sec, salées, hachées
- 30 g de noix de coco râpée déshydratée
- 2 cuil. à soupe de graines de chia
- 30 g de fèves de cacao hachées ou de copeaux de chocolat noir
- 1 cuil. à café de cannelle
- 130 g de beurre de cajou (ou de beurre d'amande ou d'arachide)
- 5 cuil. à soupe de pur sirop d'érable
- 1 cuil. à soupe d'huile de coco
- 1 cuil. à café de sel de mer

Préchauffez le four à 180 °C (350 °F).

Huilez un plat à four ou vaporisez-le avec un enduit à cuisson antiadhésif. Réservez.

Étalez les flocons d'avoine et le quinoa sur une plaque de cuissor. Faites-les cuire 8 à 10 minutes, jusqu'à ce qu'ils soient bien dorés. Laissez refroidir.

Versez les flocons d'avoine et le quinoa refroidis dans un grand bol, ajoutez les cerises, les pistaches, la noix de coco, les graines de chia, les fèves de cacao ou les copeaux de chocolat et la cannelle.

Mélangez le beurre de cajou, le sirop d'érable, l'huile et le sel dans une casserole à feu moyen. Portez à ébullition et faites cuire 1 minute, en remuant souvent pour répartir la chaleur. Versez le mélange sur les ingrédients secs et remuez bien pour les enrober.

Versez le mélange dans le plat préparé et faites cuire environ 15 minutes, ou jusqu'à ce qu'il soit légèrement doré.

Laissez refroidir complètement dans le plat, puis coupez en bouchées de 1 x 5 cm, ou en barres de 2,5 x 10 cm.

Pour 32 bouchées ou 16 barres environ

Conseil : *ces barres peuvent être conservées jusqu'à 1 semaine dans une boîte hermétique. En version bouchées, elles constituent un excellent en-cas, plein d'énergie.*

LE SAVIEZ-VOUS ? **Les pistaches sont depuis longtemps un symbole de santé et de bonheur. Elles sont riches en vitamine E, un puissant antioxydant qui, sous sa forme naturelle, a prouvé qu'il améliorait l'endurance.**

◗ AVANT L'ENTRAÎNEMENT ◗ APRÈS L'ENTRAÎNEMENT ◗ BASE NUTRITIONNELLE PLAISIR ◗ SANS GLUTEN ◗ SANS PRODUITS LAITIERS ◗ VÉGANE

Bouchées Mochi

Le mochi est l'aliment rêvé de tout athlète. Il est très facile d'en faire des petits en-cas : en quelques minutes on obtient une pâte gonflée, fondante à l'intérieur. Le mochi est nutritionnellement intéressant, car constitué d'un ingrédient unique, la farine de riz gluant japonaise ; il ne contient ni additifs ni suppléments, juste du riz. Ces bouchées Mochi assurent toujours une partie des apports en glucides de Kate avant un Ironman.

- 1 paquet de mochi prêt à cuire, nature (marumochi ou kirimochi)
- 4 cuil. à soupe de beurre de cajou (ou de noix de votre choix)
- 1 cuil. à café de graines de chia
- 1 cuil. à café de pur sirop d'érable
- 2 cuil. à café de raisins secs (facultatif)

Préchauffez le four à 220 °C (425 °F).

Coupez le mochi en rectangles d'environ 2,5 x 3,5 cm, ou en disques de taille équivalente. Posez-les sur une plaque de cuisson en les espaçant de plusieurs centimètres et faites cuire 8 minutes.

Pendant la cuisson, réunissez le beurre de cajou, les graines de chia, le sirop d'érable et, éventuellement, les raisins secs dans un bol, et homogénéisez bien l'ensemble. Façonnez autant de petites boules de 2 cm de diamètre que le permet le mélange.

Sortez le mochi du four. La pâte doit avoir gonflé. Incisez les bouchées sur le côté et glissez une noisette du mélange précédent à l'intérieur de chacune.

Pour 2 portions

Conseil : *on trouve du mochi prêt à cuire au rayon frais de grandes épiceries spécialisées ou en ligne, sur des sites d'épiceries japonaises. Vérifiez leur composition et choisissez une marque sans sucre ajouté, ni colorants.*

LE SAVIEZ-VOUS ? **Le mochi est un gâteau de riz japonais, obtenu en cuisant à la vapeur de la farine de riz gluant, et en la battant ensuite avec de grandes palettes en bois. On dit que les agriculteurs japonais en consomment pour améliorer leur endurance. Il y a plusieurs façons de le manger. Essayez ! C'est un trésor caché des magasins d'alimentation naturelle.**

◗ AVANT L'ENTRAÎNEMENT ◗ APRÈS L'ENTRAÎNEMENT ◗ SANS GLUTEN
◗ SANS PRODUITS LAITIERS ◗ VÉGANE
• Version PAUVRE EN FODMAP : supprimez les raisins secs.

ENCORE PLUS D'EN-CAS

- Mini-frittatas (page 28)
- Bananes plantain dorées (page 30)
- Wraps tout verts (page 59)
- Patates douces du coureur de fond (page 92)
- Patates douces laquées aux graines de chia (page 93)
- Les frites oubliées (page 95)

Biscuits d'aujourd'hui

Les athlètes aiment les patates douces et les biscuits. Nous associons les deux pour en faire un vrai régal. Parfait après l'entraînement ou pour garder la forme toute la journée.

- Huile de coco ou enduit à cuisson antiadhésif en vaporisateur
- 2 œufs
- 125 g de patate douce, cuite au four, écrasée
- 80 g de pur sirop d'érable
- ½ cuil. à café d'extrait de vanille
- 130 g de beurre d'amande
- ½ cuil. à café de bicarbonate de soude
- 1 cuil. à café de cannelle
- ½ cuil. à café de noix de muscade
- 175 g de fèves de cacao hachées ou de copeaux de chocolat noir
- ½ cuil. à café de sel de mer

Préchauffez le four à 180 °C (350 °F).

Enduisez d'huile d'olive ou vaporisez d'enduit à cuisson un moule carré de 20 cm ou une plaque de cuisson.

Battez les œufs. Mélangez-leur la purée de patates douces, le sirop d'érable et l'extrait de vanille. Ajoutez le beurre d'amande, le bicarbonate, la cannelle, la noix de muscade et le sel.

Incorporez les fèves de cacao ou les copeaux de chocolat au mélange.

Façonnez 12 petites boules à la main, puis aplatissez-les légèrement. Disposez-les régulièrement dans le moule ou sur la plaque de cuisson. Faites cuire 30 minutes.

Pour 12 biscuits

Conseil : *vous pouvez remplacer la patate douce par de la citrouille. Les biscuits auront un goût légèrement différent, mais conserveront toutes leurs qualités nutritionnelles.*

▸ AVANT L'ENTRAÎNEMENT ▸ APRÈS L'ENTRAÎNEMENT ▸ BASE NUTRITIONNELLE PLAISIR ▸ SANS GLUTEN ▸ SANS PRODUITS LAITIERS ▸ PAUVRE EN FODMAP

Pop'chiches salés

De temps en temps, vous avez juste besoin d'une petite collation rapide efficace pour satisfaire une envie de salé. Ces pois chiches feront l'affaire sans vous laisser les doigts graisseux comme les craquelins ou les chips. Imaginez un en-cas qui peut vous aider à contrôler votre appétit, en portions raisonnables, à toute heure du jour ou de la nuit. Vous gagnez sur les deux tableaux.

400 g de pois chiches au naturel, en conserve, rincés et égouttés
2 cuil. à café d'huile d'olive
2 cuil. à café de cumin moulu
2 cuil. à café de coriandre moulue
1 cuil. à café de paprika de Hongrie
1 cuil. à café de piment en flocons
Sel de mer et poivre du moulin, selon le goût

Préchauffez le four à 220 °C (425 °F).

Étalez les pois chiches rincés sur un grand torchon ou du papier absorbant et séchez-les bien.

Transférez-les sur une plaque de cuisson, arrosez-les d'huile, saupoudrez les épices, salez et poivrez. Remuez à la main pour les enrober uniformément.

Enfournez pour 30 à 35 minutes, jusqu'à ce que les pois chiches soient tout à fait croustillants. S'ils sont encore tendres, prolongez la cuisson de 5 à 8 minutes.

Pour 4 portions

***Conseil** : ces « pop'chiches » sont mieux qu'un simple en-cas. Ajoutez-en à vos salades !*

LE SAVIEZ-VOUS ? **Les pois chiches sont riches en fibres. Ils sont une bonne source de protéines, de fer et de manganèse, rassasient longtemps et régulent la glycémie.**

▸ APRÈS L'ENTRAÎNEMENT ▸ SANS GLUTEN ▸ SANS PRODUITS LAITIERS ▸ VÉGANE

Le plus !

Cette recette remplace bien les **chips, bretzels, popcorn,** ou les **biscuits**.

Pop'chiches sucrés

Voici une version sucrée des « pop'chiches ». Et en les saupoudrant aussi d'un peu de sel, vous aurez une version salée-sucrée.

400 g de pois chiches au naturel, en conserve, rincés et égouttés
2 cuil. à café d'huile d'olive
2 cuil. à café de cannelle
1 cuil. à soupe de pur sirop d'érable ou de miel bio
Sel de mer selon le goût

Préchauffez le four à 220 °C (425 °F).

Étalez les pois chiches rincés sur un grand torchon ou du papier absorbant et séchez-les bien.

Transférez-les sur une plaque de cuisson et arrosez-les d'huile d'olive. Saupoudrez la cannelle et ajoutez le sirop d'érable. Remuez à la fourchette (vos mains deviendraient trop collantes) pour les enrober uniformément.

Enfournez pour 30 à 35 minutes jusqu'à ce que les pois chiches soient tout à fait croustillants.

S'ils sont encore tendres, prolongez la cuisson de 5 à 8 minutes.

Pour 4 portions

Conseil *: vous pouvez remplacer la cannelle par d'autres épices que vous préférez.*

Le plus !
Cette recette est une bonne alternative aux **bonbons** et au **popcorn**

LE SAVIEZ-VOUS ? **Quand il s'agit de cannelle, on pense pâtisserie ! La cannelle aide à réguler la glycémie. Vous pouvez l'utiliser au quotidien pour relever les plats fades.**

▸ APRÈS L'ENTRAÎNEMENT ▸ SANS GLUTEN ▸ SANS PRODUITS LAITIERS ▸ VÉGANE

Bananes salées

Des bananes, de l'huile d'olive et du sel. C'est tout. Rien de caché, ni produits chimiques, ni stabilisants dans ce mélange tout simple. C'est une excellente alimentation de base avant ou après l'effort qui compense le manque de sels minéraux, parfaite pour les athlètes qui n'aiment pas absorber de grandes quantités de boissons énergétiques avant l'exercice.

1 banane
2 cuil. à café d'huile d'olive
1 cuil. à café de sel de mer

Coupez la banane en rondelles épaisses. Mélangez l'huile d'olive et le sel dans un petit bol. Ajoutez les morceaux de banane et enduisez-les à la main pour bien les enrober.

Pour 1 portion

Conseil : *passez au niveau supérieur. Enduisez la banane de 1 cuillerée à soupe de beurre de cajou, étalé sur sa longueur. Enrobez ensuite complètement de chapelure de chips de tortilla, puis coupez la banane en bouchées. C'est une spécialité de Bojan Mandaric, cofondateur de November Project, célèbre communauté de fitness. Retrouvez-les sur november-project.com.*

▸ AVANT L'ENTRAÎNEMENT ▸ APRÈS L'ENTRAÎNEMENT ▸ SANS GLUTEN ▸ SANS PRODUITS LAITIERS ▸ VÉGANE ▸ PAUVRE EN FODMAP

Les muffins du marathonien

Avec des horaires de fou, on préfère cuisiner à l'avance. Quand on court toujours, on a vite fait de négliger les légumes ; c'est pour cela qu'on adore ces muffins, véritables concentrés de courgette. Ils sont parfaitement nourrissants et aident à récupérer.

- 120 g de courgette râpée
- 2 œufs
- 100 g de canneberges fraîches ou décongelées
- 260 g de beurre d'amande
- 80 g de pur sirop d'érable
- 2 cuil. à café de cannelle
- 1 cuil. à café d'extrait de vanille
- ½ cuil. à café de noix de muscade râpée
- ¼ de cuil. à café de gingembre en poudre
- ⅛ de cuil. à café de clous de girofle en poudre
- ½ cuil. à café de sel de mer
- ½ cuil. à café de poudre à pâte
- Huile d'olive pour les moules

Préchauffez le four à 180 °C (350 °F).

Râpez la courgette avec une râpe à légumes ou au robot. Éliminez le maximum d'eau en l'épongeant soigneusement sur plusieurs épaisseurs de papier absorbant.

Battez les œufs dans un grand bol. Incorporez le reste des ingrédients et homogénéisez bien l'ensemble.

Huilez abondamment 8 moules à muffins ou les alvéoles d'une plaque. Remplissez-les du mélange.

Enfournez pour 20 minutes.

Pour 8 portions

Conseil : *remplacez les canneberges par des bleuets, des dés de pomme ou d'un autre fruit que vous aimez. Si vous utilisez des canneberges séchées, n'en mettez que 30 g, pour que les muffins restent pauvres en FODMAP.*

Le plus !
Une bonne alternative aux **muffins**, **bagels** et autres **barres** et **bouchées**.

LE SAVIEZ-VOUS ? **Oui, les canneberges sont acides ! Elles contiennent de puissants antioxydants et des phytonutriments qui diminuent les risques d'infection urinaire, protègent le système cardiovasculaire et limitent les inflammations. La recherche a montré que ces phytonutriments sont plus efficaces en synergie avec d'autres. Combiner les canneberges et les courgettes, riches en antioxydants, constitue une collation parfaite pour performer.**

▸ AVANT L'ENTRAÎNEMENT ▸ APRÈS L'ENTRAÎNEMENT ▸ SANS GLUTEN
▸ SANS PRODUITS LAITIERS ▸ PAUVRE EN FODMAP

Chips de chou

Le chou collard est souvent peu apprécié, ce que nous comprenons. Mais nous vous promettons que cette recette vous plaira. C'est une alternative savoureuse aux chips de chou kale qui convaincra les plus sceptiques. Riches en phytonutriments, les feuilles de chou collard sont assez fermes pour rester croquantes même très assaisonnées. On vit très bien avec ces méchants légumes !

8 feuilles de chou collard

2 cuil. à soupe d'huile de coco fondue

Le jus et le zeste de 1 citron

1 cuil. à soupe de levure alimentaire (10 g)

1 cuil. à café de poudre d'oignon

1 cuil. à café de piment en flocons

1 cuil. à café de sel de mer, ou selon le goût

Préchauffez le four à 90 °C (200 °F) ou mettez-le en fonction déshydratation.

Lavez les feuilles de chou et retirez les grosses tiges. Séchez-les avec soin, puis déchirez-les en gros morceaux et mettez-les dans un grand bol.

Mélangez l'huile de coco, le jus et le zeste de citron, la levure, la poudre d'oignon, les flocons de piment et le sel. Versez la préparation sur les feuilles de chou et enduisez-les à la main pour bien les recouvrir uniformément.

Recouvrez deux plaques de cuisson de papier parchemin. Étalez les feuilles de chou et enfournez pour 1 heure, en surveillant attentivement qu'elles ne brûlent pas. Elles doivent sécher et devenir croustillantes. Laissez refroidir avant de servir.

Pour 4 portions

Conseil : *conservez ces chips jusqu'à 1 semaine dans une boîte hermétique.*

Le plus !
Excellentes à la place des **chips de pomme de terre** et **de maïs** ou des **bretzels**.

◗ SANS GLUTEN ◗ SANS PRODUITS LAITIERS ◗ VÉGANE
• Version PAUVRE EN FODMAP : supprimez la poudre d'oignon.

CHAPITRE 4

Légumes et salades

Nous savons que nous devons manger plus de légumes et de salades. Mais quelque part, les habituelles recommandations alimentaires à l'usage des sportifs ne mesurent pas l'important potentiel des légumes. Il nous faut suffisamment de calories pour nous soutenir, mais sans les nutriments appropriés nous nous fatiguons beaucoup plus vite. En tant qu'athlètes, nous avons besoin de ces éléments nutritifs plus que la moyenne. Dans ce chapitre, nous avons inclus des recettes savoureuses et nutritives qui non seulement vont vous revigorer, mais vous donneront envie de les refaire !

Quinoa citronné aux épinards et aux pignons de pin
(page 82)

Quinoa citronné aux épinards et aux pignons de pin

Le quinoa a un fort pouvoir nutritif – il ne contient pas de gluten, est riche en protéines, en vitamines B et E, en fer, en zinc, en potassium, en calcium – et cuit beaucoup plus rapidement que toutes les autres céréales. Les épinards et le persil ajoutent encore aux bienfaits de ce plat. Cette délicieuse recette, très simple à réaliser, a été imaginée par une spécialiste en nutrition, elle-même marathonienne et yogi, Élise Museles, de Kale and Chocolate. Retrouvez-la sur son site kaleandchocolat.com.

- 175 g de quinoa
- 475 ml d'eau (ou moitié eau, moitié bouillon de légumes)
- 1 cuil. à café de sel de mer (si vous n'utilisez pas de bouillon)
- 225 g d'épinards crus
- 1 poignée (30 g) de feuilles de persil plat frais
- 70 g de pignons de pin, grillés
- 2 cuil. à café de zeste de citron râpé
- 60 ml de jus de citron frais
- 1 cuil. à café de cumin moulu
- 4 cuil. à soupe d'huile d'olive
- Sel de mer et poivre du moulin, selon le goût

Préchauffez le four à 180 °C (350 °F).

Rincez le quinoa dans un bol d'eau, puis égouttez-le. Versez-le dans une casserole, ajoutez le sel et 475 ml d'eau (ou moitié d'eau, moitié de bouillon) et portez à ébullition. Couvrez, baissez le feu et faites cuire 15 minutes à petits bouillons, ou jusqu'à ce que tout le liquide soit absorbé. Attendez 5 minutes avant de retirer le couvercle, puis laissez refroidir au moins 20 minutes. Quand le quinoa est cuit et refroidi, émincez finement les épinards et hachez le persil.

Étalez les pignons de pin sur une plaque de cuisson et faites-les griller 8 minutes dans le four.

Transvasez le quinoa dans un saladier. Ajoutez les pignons de pin grillés, le zeste de citron et le persil, et mélangez. Disposez les épinards sur le quinoa.

Dans un autre bol, fouettez le jus de citron avec le cumin, du sel et du poivre, puis ajoutez l'huile. Versez cette vinaigrette sur la salade, pour bien imbiber tous les ingrédients. Rectifiez l'assaisonnement en sel et en poivre.

Pour 6 portions

LE SAVIEZ-VOUS ? **Faire tremper le quinoa avant de le cuire permet d'absorber plus de micronutriments. Le trempage diminue en effet la quantité d'acide phytique contenu dans l'enveloppe des grains qui bloque la digestion des minéraux. Laissez-le au moins 8 heures dans un bol d'eau froide avant la cuisson. Vous pouvez aussi trouver du quinoa prérincé dans des épiceries bio.**

▸ APRÈS L'ENTRAÎNEMENT ▸ BASE NUTRITIONNELLE ESSENTIELLE ▸ SANS GLUTEN ▸ SANS PRODUITS LAITIERS ▸ VÉGANE ▸ PAUVRE EN FODMAP

Le bol vert

Nous recommandons aux sportifs d'avoir toujours des légumes verts sous la main. Riches en nutriments comme la chlorophylle, la lutéine et le bêta-carotène, ils sont peu caloriques et facilitent la récupération, renforcent le système immunitaire et améliorent les performances quotidiennes. Nous sommes sûres qu'avec plus de légumes dans votre assiette, vous verrez progresser vos résultats.

- 500 g de légumes verts (chou et chou kale, feuilles de moutarde et de betterave, épinards, bok choy ou un mélange)
- 1 gousse d'ail, émincée
- 2 cuil. à soupe d'huile d'olive
- 1 cuil. à café de sel de mer, ou selon le goût
- 1 cuil. à café de piment rouge en flocons ou selon le goût

Lavez soigneusement tous les légumes verts à l'eau courante, pour éliminer tout le sable et la terre. Retirez les tiges. Coupez-les en gros morceaux.

Faites chauffer l'huile dans une grande poêle à feu moyen. Ajoutez les feuilles et remuez.

Ajoutez l'ail, le sel et les flocons de piment et laissez cuire encore 3 à 4 minutes, en continuant à remuer.

Pour 2 portions

LE SAVIEZ-VOUS ? **Mélanger les légumes verts et en essayer de nouveaux est une bonne idée. Chacun est unique, tous ont des nutriments essentiels. Les légumes verts contiennent de l'acide alpha-lipoïque, un antioxydant qui combat le vieillissement et le stress oxydatif dû à un effort important.**

◗ BASE NUTRITIONNELLE ESSENTIELLE ◗ SANS GLUTEN ◗ SANS PRODUITS LAITIERS ◗ VÉGANE
• Version PAUVRE EN FODMAP : supprimez l'ail ou utilisez de l'huile d'olive à l'ail.

Choux de Bruxelles à la bostonienne

Quand on parle de choux de Bruxelles, on pense tout de suite aux petites boules molles et aqueuses de notre enfance. Rôtis, ceux-ci sont croustillants et savoureux. Riches en antioxydants, ils favorisent la récupération musculaire et, d'une manière générale, sont excellents pour la santé. Des folates, des vitamines C et A et beaucoup de phytonutriments en font l'un des meilleurs petits légumes qui soit.

- 440 g de choux de Bruxelles
- 340 g de poire crue, pelée et émincée
- 25 g de noix de pécan crues
- 3 cuil. à soupe d'huile d'olive
- Sel de mer et poivre du moulin, selon le goût

Préchauffez le four à 180 °C (350 °F).

Coupez la tige de chaque petit chou et coupez-les en deux.

Dans un bol, mélangez les demi-choux avec les lamelles de poire, les noix de pécan, l'huile, du sel et du poivre. Étalez-les sur une plaque de cuisson.

Glissez la plaque dans le four et faites cuire 35 à 40 minutes.

Pour 4 portions

◗ BASE NUTRITIONNELLE ESSENTIELLE ◗ SANS GLUTEN ◗ SANS PRODUITS LAITIERS ◗ VÉGANE

Salade de bettes arc-en-ciel

Cette salade aux couleurs vives charme toujours les plus réfractaires aux légumes. Les bettes sont riches en phytonutriments antioxydants, notamment des bétalaïnes, connues pour leurs remarquables propriétés antioxydantes, anti-inflammatoires et détoxifiantes. Si le sport est bon pour la santé, il est aussi facteur de stress pour le corps et certains aliments, comme les bettes, sont d'une aide précieuse pour éliminer les toxines.

- 400 g de feuilles de bettes (de toutes variétés, rouges, vertes, jaunes), en fines lanières
- 2 oranges, en dés
- 1 petit oignon, haché
- 1 pomme, en dés
- 50 g de noix de pécan crues
- 40 g de graines de citrouille crues
- 3 cuil. à soupe de cerises séchées
- 60 g de graines de grenade (facultatif)

Pour la vinaigrette :

- 2 cuil. à soupe de vinaigre de cidre bio
- 1 cuil. à soupe de pur sirop d'érable
- 2 cuil. à soupe d'huile d'olive
- ⅓ de cuil. à café de sel de mer
- ⅓ de cuil. à café de poivre du moulin
- 1 pincée de curcuma
- 1 pincée de poivre de Cayenne

Réunissez tous les ingrédients de la salade dans un grand saladier.
Mélangez tous les ingrédients de la vinaigrette dans un bol ou une petite bouteille.
Versez l'assaisonnement sur la salade et remuez.

Conseils : *dans cette salade, les graines de grenade sont un excellent complément. Elles sont savoureuses et riches en antioxydants. Nous les avons ajoutées facultativement, car il est un peu long de les extraire du fruit et les acheter seules peut être un peu onéreux.*
Cette salade constituera un plat principal en y ajoutant des dés de poulet, de tempeh (ou de tofu), du poisson, de l'œuf ou des lanières de bœuf.

◗ APRÈS L'ENTRAÎNEMENT ◗ BASE NUTRITIONNELLE ESSENTIELLE ◗ SANS GLUTEN ◗ SANS PRODUITS LAITIERS ◗ VÉGANE

Carottes campagnardes

Les carottes sont délicieuses telles quelles, mais les épices méditerranéennes de ce plat relèvent idéalement leur côté sucré. Essayant de liquider quelques carottes avant de partir en vacances, Kate a créé cette recette en s'amusant avec son mélange d'épices favori. Une longue cuisson en mijoteuse développera au mieux les saveurs, mais 10 minutes en casserole suffisent aussi. Kate apprécie particulièrement ces carottes après les longues séances de natation.

- 4 grosses carottes
- 1 gros oignon
- 250 ml de bouillon de volaille sans gluten
- 1 cuil. à café de pâte de tomate
- 2 cuil. à soupe d'huile d'olive
- 85 g de pur sirop d'érable
- 2 cuil. à soupe de Baharat (mélange d'épices oriental)
- ½ cuil. à café de paprika de Hongrie
- 1 cuil. à café de piment d'Alep en flocons (ou un mélange de paprika et de poivre de Cayenne)
- 2 gousses d'ail (facultatif)
- Sel de mer et poivre du moulin, selon le goût
- 40 g de cerises séchées
- 2 branches de thym frais, pour le décor (facultatif)

Lavez soigneusement les carottes, sans les éplucher.

Coupez-les en rondelles d'environ 1 cm d'épaisseur.

À la mijoteuse :

Coupez l'oignon en grandes lamelles et mettez-le dans la mijoteuse avec les rondelles de carottes. Ajoutez le bouillon, la pâte de tomate, le sirop d'érable, les épices, du sel et du poivre.

Faites cuire 2 heures, à chaleur forte, en remuant de temps en temps.

Ajoutez les cerises une demi-heure avant la fin de cuisson, pour qu'elles ne s'écrasent pas.

En casserole :

Faites bouillir une marmite d'eau. Placez un bol d'eau et de glaçons à côté.

Dans un petit bol, fouettez 1 cuillerée à soupe d'huile d'olive avec le miel ou le sirop d'érable. Réservez.

Plongez les carottes dans l'eau bouillante. Faites-les cuire environ 5 minutes, jusqu'à ce qu'elles soient juste tendres, sans s'écraser.

Retirez-les à l'aide d'une écumoire et mettez-les dans le bol d'eau et de glaçons pour arrêter la cuisson. Laissez refroidir quelques minutes, égouttez-les à nouveau, puis séchez-les 5 minutes sur un torchon.

Dans une casserole à feu doux, faites revenir l'ail avec 1 cuillerée à soupe d'huile d'olive. Versez le bouillon et la pâte de tomate, puis les épices et les cerises séchées et mélangez.

Ajoutez les carottes, remuez bien l'ensemble et faites cuire 8 minutes. Parsemez éventuellement de thym.

Pour 2 à 4 portions

▸ SANS GLUTEN ▸ SANS PRODUITS LAITIERS ▸ VÉGANE

Roquette, cerises et graines de citrouille

Cette salade est tellement simple qu'il suffit de réunir les ingrédients dans le saladier. Choisissez ce que vous trouvez de plus frais et remplacez éventuellement la roquette par des pousses d'épinards ou de chou kale. Les graines de citrouille sont une bonne source de fer et de zinc ; les deux aident à produire les globules rouges et oxygènent les muscles.

- 120 g de bébé roquette, coupée en petits morceaux
- 90 g de graines de citrouille crues, décortiquées
- 70 g de cerises ou de canneberges séchées

Pour la vinaigrette :

- 4 cuil. à soupe d'huile d'olive
- 2 cuil. à soupe de jus de citron frais
- Sel de mer et poivre
- 2 cuil. à café de pur sirop d'érable (facultatif)

Mélangez tous les ingrédients dans un grand saladier.

Mélangez tous les ingrédients de la vinaigrette dans un bol ou une petite bouteille.

Versez l'assaisonnement sur la salade et remuez bien.

Pour 4 portions

Conseil : *vous pouvez aussi garnir cette salade de petits fruits.*

▸ BASE NUTRITIONNELLE ESSENTIELLE ▸ SANS GLUTEN ▸ SANS PRODUITS LAITIERS

Les haricots du paresseux

Ces haricots verts sont prêts en 5 minutes ! Et nous ne nous servons même pas toujours d'une fourchette… Bien sûr, ils accompagnent aussi parfaitement de très beaux plats. Les haricots verts renferment un large éventail d'excellents antioxydants, dont des caroténoïdes et des flavonoïdes. De la vision à la santé du cœur, ils sont bons pour tout.

- 600 ml d'eau
- 500 g de haricots verts, effilés et bien lavés
- Le jus de 1 citron (ou 2 à 3 cuil. à soupe de jus frais)
- ½ cuil. à café de sel de mer

Faites chauffer l'eau dans une casserole moyenne, à feu moyen. Ajoutez les haricots verts. Faites cuire environ 1 minute. Ajoutez le jus de citron et poursuivez la cuisson pendant encore 1 minute.

Retirez du feu. Les haricots doivent être d'un vert vif et croquants. Nous les aimons très peu cuits comme ceux-ci, ou à la vapeur. Saupoudrez-les de sel.

Pour 4 portions

Conseil : *pour gagner du temps, achetez des haricots verts déjà effilés et lavés (rincez-les quand même) et du jus de citron en bouteille.*

▸ SANS GLUTEN ▸ SANS PRODUITS LAITIERS ▸ VÉGANE ▸ PAUVRE EN FODMAP

Kale en salade

Rebecca Pacheco, professeure de yoga à Boston, auteure et passionnée de course à pied, partage notre passion de l'alimentation saine. Sa salade est à base de chou kale, le légume le plus tendance de la planète, notre préféré parmi tous les choux et le chéri des maraîchers. Pour Rebecca, d'origine portugaise, c'est le quotidien modeste de ses repas d'enfance, préparés par sa Vavo (sa grand-mère). Cet émincé de chou kale est la salade minute réconfortante de la professeure de yoga.

- 1 cuil. à soupe d'huile d'olive
- ½ cuil. à café de sel de mer
- Le jus fraîchement pressé de ½ citron
- Poivre de Cayenne, selon le goût
- 1 grosse botte de chou kale, lavé, les tiges retirées

Dans un petit bol, mélangez l'huile d'olive, le jus de citron, du sel, du poivre et, éventuellement du poivre de Cayenne. Réservez.

Empilez les feuilles de kale en petits tas. Enroulez chaque petite pile sur elle-même, en formant un cylindre, puis émincez le chou aussi finement que possible, pour obtenir de fins rubans à enrouler sur votre fourchette, comme des nouilles. Continuez avec tout le chou.

Mettez le chou dans un bol, versez l'assaisonnement et remuez bien à la main pour bien imprégner le chou du citron et des épices et l'assouplir en même temps.

Pour 2 portions

Conseils : *cru, le chou kale est parfois sec et dur ; il est bien meilleur ainsi, émincé très finement en chiffonnade.*

Pour en faire un plat complet, ajoutez des céréales riches en fibres, comme du boulgour ou du quinoa et vos protéines maigres préférées.

▸ BASE NUTRITIONNELLE ESSENTIELLE ▸ SANS GLUTEN ▸ SANS PRODUITS LAITIERS
▸ VÉGANE ▸ PAUVRE EN FODMAP

Patates douces du coureur de fond

Vous allez aimer l'orangé avec ces patates douces rôties aux épices. Elles vont vous vous fournir plusieurs heures d'énergie avant une épreuve d'endurance ou contribueront à la récupération après l'effort. Associés à des épices aux vertus anti-inflammatoires et à de bonnes matières grasses, ces petites bouchées sont très énergétiques.

- 2 grosses patates douces, bien lavées, avec la peau
- 1 ½ cuil. à soupe d'huile de coco
- 1 cuil. à soupe de curcuma en poudre
- 1 cuil. à soupe de graines de chanvre
- 1 cuil. à café de cumin
- 1 cuil. à soupe de sel de mer
- 1 cuil. à café de poivre du moulin

Préchauffez le four à 180 °C (350 °F). Recouvrez une plaque de cuisson de papier d'aluminium ou enduisez-la d'un peu d'huile d'olive.

Coupez les patates douces en cubes et mettez-les dans un bol moyen.

Ajoutez l'huile de coco, le curcuma, les graines de chanvre, le cumin, le sel et le poivre. Remuez longuement à la main pour bien imprégner les morceaux de patate douce d'huile et d'épices. Étalez-les sur la plaque de cuisson.

Enfournez pour 40 minutes, en retournant les morceaux à mi-cuisson, jusqu'à ce qu'ils soient fondants et commencent à dorer légèrement.

Pour 2 portions

Le plus !
Une délicieuse alternative aux **frites**, à la **purée** et à toutes les **pommes de terre rissolées**.

▸ AVANT L'ENTRAÎNEMENT ▸ APRÈS L'ENTRAÎNEMENT ▸ SANS GLUTEN ▸ SANS PRODUITS LAITIERS ▸ VÉGANE ▸ PAUVRE EN FODMAP

Patates douces laquées aux graines de chia

Une variante sucrée originale des patates douces rôties. Essayez-les !

- 2 grosses patates douces, bien lavées, avec la peau
- 1 ½ cuil. à soupe d'huile de coco
- 1 cuil. à soupe de sel de mer
- 1 cuil. à soupe de pur sirop d'érable
- 1 cuil. à soupe de graines de chia
- 2 cuil. à café de cannelle

Préchauffez le four à 180 °C (350 °F). Recouvrez une plaque de cuisson de papier d'aluminium ou enduisez- a d'huile d'olive.

Coupez les patates douces en cubes de la taille d'une bouchée et mettez-les dans un bol. Ajoutez l'huile de coco, le sel, le sirop d'érable, les graines de chia et la cannelle. Remuez longuement à la main pour bien imprégner les morceaux de patates douces avec l'huile et les épices. Étalez-les sur la plaque.

Enfournez pour 40 minutes, en retournant les morceaux à mi-cuisson, jusqu'à ce qu'ils soient fondants et commencent à dorer légèrement.

Le plus !
Pour remplacer agréablement les **frites** et le **popcorn**.

◗ AVANT L'ENTRAÎNEMENT ◗ APRÈS L'ENTRAÎNEMENT ◗ BASE NUTRITIONNELLE PLAISIR ◗ SANS GLUTEN ◗ SANS PRODUITS LAITIERS ◗ VÉGANE ◗ PAUVRE EN FODMAP

Les frites oubliées

Tout le monde aime les bonnes frites ! Même nous. Mais il faut faire abstraction de l'huile, des calories et d'un féculent vite digéré, mais qui laisse ballonné. Nous préférons ces frites de panais, un légume racine souvent négligé en raison de son aspect un peu terne. Son goût de noisette est plaisant et doux. Excellente source de vitamines B et C, de fibres et de minéraux, comme le fer, le calcium, le potassium, le manganèse et le phosphore, le panais prouve que même les frites peuvent être bonnes pour la santé.

- 2 gousses d'ail, hachées ou écrasées (facultatif)
- 1 cuil. à soupe d'huile d'olive
- Le jus de 1 citron
- 1 cuil. à café de pur sirop d'érable
- 1 cuil. à café de cannelle
- ½ cuil. à café de noix de muscade
- 1 cuil. à café de sel de mer
- ½ cuil. à café de poivre du moulin
- 4 panais moyens, bien lavés, avec la peau
- 1 cuil. à soupe de thym frais, haché (facultatif)

Préchauffez le four à 230 °C (425 °F).

Dans un petit bol, mélangez l'huile d'olive, le jus de citron, le sirop d'érable, la cannelle, la noix de muscade, le sel et le poivre (et éventuellement l'ail). Réservez.

Coupez les panais comme des frites moyennes et mettez-les dans un grand bol. Arrosez-les du mélange précédent et remuez longuement à la main pour bien les imprégner.

Étalez les frites sur une plaque de cuisson et faites-les cuire 30 minutes, jusqu'à ce qu'elles soient fondantes et dorées, en les retournant à mi-cuisson.

Sortez du four et parsemez de thym. Laissez refroidir.

Pour 4 portions

Conseils : *les panais se conservent très bien. Enveloppez-les, sans les laver, dans du papier absorbant et mettez-les dans un sac en plastique alimentaire : vous les conserverez jusqu'à 2 semaines au réfrigérateur. Lavez-les avant de les préparer.*

Si vous n'aimez pas l'accord sucré-salé, supprimez l'assaisonnement et contentez-vous de saler et de poivrer les panais.

Le plus !
Une bonne alternative aux **frites**, **pommes de terre sautées** et **bretzels**.

◗ AVANT L'ENTRAÎNEMENT ◗ APRÈS L'ENTRAÎNEMENT ◗ SANS GLUTEN
◗ SANS PRODUITS LAITIERS ◗ VÉGANE
• Version PAUVRE EN FODMAP : supprimez l'ail.

5

CHAPITRE

Sauces, marinades et tartinades

Il ne manque souvent qu'un petit quelque chose pour rendre attrayant un repas de sportif, comme une pièce a besoin d'un coup de peinture pour retrouver une nouvelle vie. Nous apprécions les plats sains, mais parfois, nous aimerions rendre notre assiette un peu plus gourmande.

C'est précisément pour cela que nous avons fait les sauces et les marinades de ce chapitre. En apprenant à combiner quelques saveurs de base, vous enjoliverez tous vos plats. Trouvez votre sauce préférée et apportez-lui votre touche personnelle. Quelques épices à portée de main, quelques nouveaux mélanges et tout deviendra meilleur.

Harissa à l'ail et au citron *(page 106)*

Vinaigrette aux canneberges *(page 104)*

Crème d'edamame au citron
(page 105)

Le pesto de Léo
(page 100)

Pesto de fleur d'ail

La fleur d'ail est la longue et fine tige de la pousse d'ail, que l'on jette souvent. Récoltée jeune et tendre, on peut l'incorporer à des salades ou des sauces, comme ce simple pesto. La saison étant très courte, généralement en fin de printemps ou en début d'été, il faut la guetter chez votre marchand de légumes. Achetez-en autant que vous pouvez et préparez des petits bocaux de pesto à offrir à quelques amis. Ou congelez-en pour un soir où vous êtes trop fatigué pour cuisiner.

- 160 g de tiges de fleur d'ail, soit environ 5 moyennes (voir Conseils), grossièrement hachées
- 35 g de pignons de pin
- 25 g de parmesan râpé
- Le jus et le zeste râpé de ½ citron
- ½ cuil. à café de sel de mer
- ½ cuil. à café de poivre du moulin
- 120 ml d'huile d'olive

Réunissez les tiges de fleur d'ail, les pignons de pin, le parmesan, le jus et le zeste de citron, le sel et le poivre dans le bol d'un robot ou d'un mélangeur puissant et mixez-les en purée fine.

En continuant à mixer, versez lentement l'huile d'olive par l'ouverture du couvercle. Goûtez et rectifiez l'assaisonnement en sel et en poivre, selon le goût.

Pour 4 portions

Conseils : *selon leur âge, les tiges de fleur d'ail sont plus ou moins grosses et il vous en faudra plus ou moins.*

Fraîches, les tiges de fleur d'ail sont plus fortes qu'après avoir été congelées et le pesto sera d'autant plus corsé.

Le pesto se conserve jusqu'à 1 semaine au réfrigérateur, dans un récipient hermétique et environ 6 mois au congélateur, dans des sachets à congélation ou en cubes réalisés dans des bacs.

Vous n'avez pas trouvé de fleur d'ail ? Remplacez-le par 1 ou 2 grosses gousses d'ail.

◗ APRÈS L'ENTRAÎNEMENT ◗ BASE NUTRITIONNELLE ESSENTIELLE ◗ SANS GLUTEN ◗ PAUVRE EN FODMAP

Trempette de haricots blancs à la fleur d'ail

Cette trempette, riche en nutriments, associe une crème de haricots blancs à de jeunes tiges d'ail. Elle est parfaite pour une petite faim après l'exercice ou pour préparer des bouchées santé en apéro. Accompagnez-la de craquelins, de pain pita ou de crudités.

- 80 g de tiges de fleur d'ail (ou 1 grosse gousse d'ail), grossièrement hachées
- Le jus et le zeste de ½ citron
- ½ cuil. à café de sel de mer
- ½ cuil. à café de poivre du moulin
- 400 g de haricots blancs, en conserve, rincés et égouttés
- 60 ml d'huile d'olive
- 2 brins de romarin frais, hachés, pour la garniture (facultatif)

Mixez la fleur d'ail en purée fine avec le jus et le zeste de citron, le sel et le poivre, dans un robot ou un mélangeur puissant.

Ajoutez les haricots et mixez en purée épaisse.

Sans cesser de mixer, versez lentement l'huile d'olive par l'ouverture du couvercle, jusqu'à l'obtention d'une consistance mousseuse. Si la purée est trop épaisse, ajoutez quelques cuillerées à soupe d'eau pendant que vous mixez.

Salez et poivrez selon le goût et ajoutez éventuellement encore un peu de jus de citron.

Au moment de servir, arrosez d'un filet d'huile d'olive et donnez quelques tours de moulin à poivre. Parsemez de romarin et décorez de ronde les de citron.

Pour 4 portions

Conseil : *cette trempette se conserve jusqu'à 1 semaine au réfrigérateur, dans un récipient hermétique, et 6 mois au congélateur.*

◗ APRÈS L'ENTRAÎNEMENT ◗ SANS GLUTEN ◗ SANS PRODUITS LAITIERS ◗ VÉGANE

Le pesto de Léo

Notre pesto préféré est celui d'un apiculteur de Boston, et il contient naturellement du miel. Sans trop de fromage, mais avec beaucoup de basilic et de roquette, il a de puissantes propriétés antibactériennes. L'eugénol, un des composés aromatiques du basilic, agit comme un anti-inflammatoire naturel, sans ordonnance : après un entraînement intense, remplacez donc les pilules par ce pesto ! Nous devons cette savoureuse recette à Mark Lewis, de la Best Bees Company. Il a toujours ce pesto sous la main pour mettre son fils Léo de bonne humeur à table.

- 2 poignées (80 g) de feuilles de basilic, rincées
- 1 poignée (20 g) de roquette
- 3 gousses d'ail, pelées
- 150 ml d'huile d'olive
- 50 g de parmesan ou de pecorino fraîchement râpé (ou un mélange des deux)
- 2 cuil. à soupe de miel bio, ou selon le goût
- 2 cuil. à soupe de beurre d'amande
- Sel de mer et poivre du moulin, selon le goût

Mettez le basilic, la roquette, l'ail et la moitié de l'huile d'olive dans le bol d'un robot et donnez quelques impulsions. Ajoutez le reste de l'huile et des ingrédients et mixez encore quelques instants pour homogénéiser le mélange et le réduire pratiquement en crème.

Servez sur des pâtes, des toasts ou des légumes.

Pour 8 portions

Conseils : *aussi souvent que possible, achetez le miel près de chez vous pour soutenir les producteurs locaux. Non seulement il est meilleur, mais il est aussi plus riche en antioxydants.*

Le pesto se conserve jusqu'à 1 semaine au réfrigérateur, dans un récipient hermétique et 6 mois au congélateur, dans des sachets à congélation ou en cubes réalisés dans des bacs.

Le plus !
Meilleur que les **bocaux de pesto** ou de **sauce pour pâtes du commerce**.

▸ APRÈS L'ENTRAÎNEMENT ▸ BASE NUTRITIONNELLE ESSENTIELLE ▸ SANS GLUTEN

La sauce secrète de Sammy

Sammy est un bon ami, fanatique de vélo, jardinier de génie et cuisinier émérite, qui garde jalousement ses recettes. Chaque année, il nous convie à un barbecue de fin d'été que nous ne manquons jamais. Son poulet, son poisson ou ses grillades sont autant de sujets de conversation et soulèvent toujours la même question : « Comment as-tu fait ça ? » Les saveurs de cette sauce s'inspirent de son île natale antillaise, Tobago. Tara est parvenue à reproduire une sauce très proche. Vous pourrez la préparer en quantité, un peu pour tout de suite, un peu pour plus tard.

- 1 oignon jaune, grossièrement haché
- 4 échalotes vertes, sans la tige, grossièrement hachées
- 2 branches de céleri, avec les petites feuilles, grossièrement hachées
- 10 branches de thym frais entières, bien lavées
- 4 gousses d'ail, pelées
- 1 cuil. à soupe de piment fort (japaleño ou petit fresno), sans les graines, haché
- 120 g de persil plat (1 petit bouquet), bien lavé
- 2 cuil. à soupe de sauce tamari, à teneur en sodium réduite (sauce soya sans gluten)
- 2 cuil. à soupe de vinaigre de vin rouge ou blanc
- ½ cuil. à café de sel de mer
- ½ cuil. à café de poivre du moulin
- 60 ml d'eau

Lavez soigneusement les ingrédients. Hachez l'oignon jaune, les échalotes vertes, le céleri et mettez-les dans le mélangeur.

Ajoutez le thym, l'ail, le piment, le persil, la sauce tamari, le vinaigre, le sel et le poivre. Versez l'eau.

Mixez à vitesse rapide jusqu'à ce que la consistance soit mousseuse, en rajoutant un peu d'eau si nécessaire pour que la sauce soit lisse et homogène, en restant assez épaisse.

Utilisez cette sauce pour le poulet, les grillades, le poisson ou les légumes.

Pour 4 à 6 portions (les proportions suffisent pour 6 grosses poitrines de poulet désossées)

Conseils : *Sammy recommande de mariner les poitrines de poulet dans un sac à congélation. Enrobez bien la viande et laissez au réfrigérateur jusqu'au lendemain. Au moment de cuire, sortez-les du sac et mettez-les dans un plat à four. Recouvrez de papier d'aluminium et enfournez pour 30 minutes à 180 °C (350 °F). Retirez délicatement l'aluminium et prolongez la cuisson de 15 minutes.*

Si la sauce est destinée à du poisson, du tofu ou du tempeh, laissez mariner 1 à 2 heures. Faites griller ou rôtir, avec votre protéine préférée.

Dans un récipient hermétique, cette sauce se conserve jusqu'à 1 semaine au réfrigérateur, ou 3 mois au congélateur.

Le plus !
Une bonne alternative aux **marinades toutes prêtes**.

▸ SANS GLUTEN ▸ SANS PRODUITS LAITIERS ▸ VÉGANE

Gua-kale-mole

Rien de mieux qu'ajouter du chou kale au guacamole pour le dynamiser. Nous avons demandé à Élise, de Kale and Chocolate, experte s'il en est de ce chou, de nous concocter sa recette parfaite.

- 2 à 3 avocats
- Le jus de 1 lime
- 40 g d'oignon rouge, haché
- ½ gousse d'ail, hachée
- ½ piment japaleño, haché
- 2 cuil. à soupe de coriandre
- ¼ de cuil. à café de cumin
- 4 à 5 belles feuilles de chou kale, sans tige, finement hachées

Mixez finement les ingrédients au robot, à l'exception du chou kale.

Hachez finement le chou et incorporez-le à la purée précédente.

Servez avec des chips ou des bâtonnets de jicama (tubercule mexicain), de carotte, de poivron rouge ou encore dans une salade.

Conseils : *si vous avez votre guacamole préféré sous la main, ajoutez-lui du kale. Assouplissez-le en l'enduisant d'huile d'olive avant de l'incorporer.*

Le plus !
Un **nouveau guacamole,** pour remplacer le classique ou d'autres **trempettes crémeuses**.

LE SAVIEZ-VOUS ? Le kale est riche en fer, en antioxydants, en vitamines K, A et C et en calcium. Quand vous vous entraînez intensément, vous avez besoin de plus de vitamines et de minéraux pour récupérer et reconstituer vos muscles. Ajouter plus de kale à votre alimentation est la manière idéale de passer au niveau supérieur. Encore plus, encore meilleur !

▸ SANS GLUTEN ▸ SANS PRODUITS LAITIERS ▸ VÉGANE

Vinaigrette aux canneberges

La Nouvelle-Angleterre est notre chez-nous et naturellement nous aimons nos canneberges fraîches. Elles sont riches en vitamine C et autres phytonutriments excellents pour la santé. Des études sur leurs propriétés antioxydantes, anti-inflammatoires et anticancéreuses ont confirmé l'intérêt considérable de manger la baie entière plutôt que juste le jus récupéré à la centrifugeuse ou les baies séchées et sucrées. On trouve des baies congelées toute l'année. Cette vinaigrette apportera une touche colorée et une foule de nutriments à votre salade favorite.

- 25 g de cannebergess fraîches ou décongelées
- 1 cuil. à soupe de moutarde forte
- 1 gousse d'ail, pelée
- 1 cuil. à soupe de vinaigre de cidre (de préférence bio, cru et non filtré)
- 2 cuil. à soupe de miel bio ou de pur sirop d'érable
- 2 cuil. à soupe d'huile d'olive vierge extra
- 60 ml d'eau
- ½ cuil. à café de sel de mer
- ¼ de cuil. à café de poivre du moulin

Rincez soigneusement les canneberges et mettez-les dans le mélangeur. Ajoutez le reste des ingrédients.

Mixez à vitesse maximum, jusqu'à l'obtention d'une consistance mousseuse. Si nécessaire, ajoutez un peu d'eau pour que le mélange soit suffisamment souple. Ajustez l'assaisonnement en sel et en poivre à votre goût.

Assaisonnez votre salade préférée avec cette vinaigrette, en imprégnant bien les légumes verts à la main. Ou servez-la séparément, dans un bol ou un petit pichet, pour que chacun se serve.

Pour 4 portions

Conseils : *cette vinaigrette peut aussi servir à mariner des poitrines de poulet ou du tempeh.*

Dans un récipient hermétique, elle se conserve jusqu'à 1 semaine au réfrigérateur et 1 mois au congélateur.

▶ SANS GLUTEN ▶ SANS PRODUITS LAITIERS
• Version PAUVRE EN FODMAP : supprimez l'ail ou infusez-le dans l'huile utilisée.
• Version VÉGANE : utilisez du pur sirop d'érable.

Crème d'edamame au citron

Les edamame sont des fèves de soya encore vertes, blanchies. Habituellement, on les grignote à l'apéritif, ou on les sert en salade ou en accompagnement. Ici, on en fait une tartinade au petit goût de noisette, riche en fibres, en protéines, en bonnes matières grasses et en vitamines. On les trouve couramment surgelées.

- 260 g de fèves edamame écossées, décongelées
- 1 pincée de sel de mer
- 3 gousses d'ail, pelées
- 1 grosse poignée (20 g) de feuilles de basilic frais (ou de menthe)
- 2 cuil. à soupe de pignons de pin (grillés, voir Conseils)
- 2 cuil. à soupe de yogourt nature à la grecque
- 2 cuil. à soupe de moutarde forte
- 2 cuil. à soupe d'huile d'olive
- 2 cuil. à soupe de jus de citron frais
- 1 cuil. à café de sauce piquante (facultatif)
- 60 ml d'eau
- Le zeste râpé de 1 citron
- Poivre du moulin, selon le goût

Remplissez à moitié d'eau une petite casserole. Ajoutez une pincée de sel et portez à ébullition.

Faites cuire les edamame environ 5 minutes, jusqu'à ce qu'elles soient tendres. Retirez du feu et égouttez-les. Mettez-les dans le bol d'un robot ou d'un mélangeur puissant avec l'ail, le basilic, les pignons de pin, le yogourt et la moutarde. Donnez 7 à 10 impulsions pour les réduire en purée grossière. Ajoutez le reste des ingrédients et mixez jusqu'à l'obtention d'une consistance crémeuse et onctueuse.

Servez avec des petites biscottes, des craquelins, ou sur une salade.

Pour 8 portions (55 g par portion environ)

Conseils : *grillés, les pignons de pin donnent un petit goût de fumé à l'ensemble. Faites-les cuire 2 minutes à sec, à feu moyen, dans une poêle antiadhésive, sans sel, sans poivre et sans huile, en remuant toutes les 30 secondes, jusqu'à ce qu'ils commencent à dorer. Retirez du feu et laissez refroidir. Surveillez attentivement qu'ils ne brunissent pas trop (cela nous est arrivé souvent). Considérez cela comme un exercice de concentration !*

Le plus ! Une bonne alternative aux **trempettes** et aux **tartinades grasses**.

▸ SANS GLUTEN

Le houmous de la mi-temps

Principal ingrédient du houmous, le pois chiche est riche en fibres, en protéines et en fer. Il vous rassasiera plusieurs heures. Après l'exercice, cette purée est délicieuse avec des bâtonnets de légumes.

- 430 g de pois chiches, en conserve
- 2 gousses d'ail, hachées
- 80 g de tahini
- 60 ml d'huile d'olive
- 60 ml d'eau chaude
- Le jus de 2 citrons
- 1 ½ cuil. à café de sel de mer

Mixez tous les ingrédients à l'aide d'un robot ou d'un mélangeur puissant.

Servez comme une trempette, avec des craquelins ou des crudités.

Pour 10 portions (à raison de 55 g environ)

Conseils : *il est facile de parfumer un bol de houmous en y ajoutant, par exemple, du poivron rouge grillé, du piment ou de la coriandre.*

Vous ne trouvez pas de tahini ? Supprimez-le. Ajoutez un peu plus de jus de citron et éventuellement un peu d'eau pour obtenir une consistance plus liquide.

Le plus !
Le houmous produit industriellement est préparé avec des huiles très ordinaires. Vous ferez instantanément la différence avec cette version maison.

▸ APRÈS L'ENTRAÎNEMENT ▸ SANS GLUTEN ▸ SANS PRODUITS LAITIERS ▸ VÉGANE

Harissa à l'ail et au citron

Tout-en-un ! Cet assaisonnement vif est à la fois une marinade, une trempette, une tartinade ou une vinaigrette.

- 85 g de miel bio ou de pur sirop d'érable
- 60 ml d'huile d'olive
- 4 grosses gousses d'ail, écrasées
- 1 ½ cuil. à café de harissa
- 1 cuil. à soupe de vinaigre blanc distillé
- 1 cuil. à café de sel de mer
- 1 cuil. à café de poivre
- ½ grosse échalote grise, écrasée
- ½ cuil. à soupe de paprika de Hongrie
- Le jus de 2 citrons
- Le zeste de 1 citron

Mélangez tous les ingrédients au fouet ou au mélangeur.

Quand vous utilisez cette sauce comme marinade, laissez mariner tous les aliments protéinés (viandes, poulet, tofu, tempeh) pendant au moins 4 heures, ou jusqu'au lendemain. 1 à 2 heures suffisent pour les poissons.

Pour 4 portions (marinade pour 4 à 6 poitrines de poulet)

Conseil *: préparez plus de cette sauce et conservez-la au réfrigérateur dans un petit bocal, pour l'utiliser au fur et à mesure quand vous avez besoin de relever un plat.*

Le plus !
Pour remplacer les **sauces** et les **marinades du commerce**, trop sucrées et pleines d'agents de conservation.

▸ SANS GLUTEN ▸ SANS PRODUITS LAITIERS
• Version VÉGANE : utilisez du pur sirop d'érable.

Beurre de noix de cajou à la carotte

Incorporez des légumes à vos beurres de noix ou d'amande. Oui ! Nous aimons celui-ci parce qu'il confère tous les bienfaits de la carotte à la préparation de base. Il est délicieux tartiné sur une banane, des figues, des tortillas de riz brun ou des roties aux céréales germées.

- 275 g de noix de cajou ou d'amandes crues
- 130 g de carottes, hachées
- 2 cuil. à café de poudre de maca
- 2 cuil. à café de cannelle
- 1 cuil. à café d'extrait de vanille
- ½ cuil. à café de sel de mer

Mixez tous les ingrédients avec un robot ou un mélangeur puissant, jusqu'à l'obtention d'une crème mousseuse.

Mettez dans des bocaux à couvercle et conservez jusqu'à 1 mois au réfrigérateur.

Pour 24 portions

Conseil *: on dépasse facilement la quantité raisonnable ! Une cuillerée en appelle une autre. Pour ne pas en abuser, essayez de congeler une partie de ce que vous avez préparé en petites portions, dans un bac à glaçons par exemple.*

Le plus !
Remplace bien le **beurre d'arachide**. C'est aussi une bonne idée de cadeau pour votre sportif préféré.

LE SAVIEZ-VOUS ? **Tout le monde connaît les effets bénéfiques de la carotte sur la vision, mais sait-on qu'elle est également riche en antioxydants qui peuvent protéger le système cardiovasculaire ?**

◗ APRÈS L'ENTRAÎNEMENT ◗ SANS GLUTEN ◗ SANS PRODUITS LAITIERS ◗ VÉGANE
• Version PAUVRE EN FODMAP : remplacez les noix de cajou par des amandes.

Beurre de noix de pécan à la cannelle

Pour changer un peu de nos beurres de noix habituels, nous les relevons avec de la poudre de maca, une plante qui combat efficacement le stress. La saveur douce de la cannelle permet de ne pas ajouter de sucre et ses propriétés anti-inflammatoires et antimicrobiennes sont très bénéfiques.

- 200 g de noix de pécan crues
- 135 g de noix de cajou crues
- 2 cuil. à café (5 g) de poudre de maca
- 1 cuil. à café de cannelle
- ½ cuil. à café de sel de mer

Mixez tous les ingrédients à l'aide d'un robot ou d'un mélangeur puissant, jusqu'à l'obtention d'une crème lisse et mousseuse.

Pour 24 portions

Conseil : *nous conservons souvent nos beurres de noix dans des petits bocaux à couvercle.*

▸ APRÈS L'ENTRAÎNEMENT ▸ SANS GLUTEN ▸ SANS PRODUITS LAITIERS ▸ VÉGANE
• Version PAUVRE EN FODMAP : remplacez les noix de cajou par des amandes.

La tartinade du champion

On nous demande souvent si les tartinades chocolat-noisette sont aussi bonnes qu'on le prétend pour la santé des sportifs. Nous avons composé la nôtre avec tout ce qui est bon pour vous en éliminant les ingrédients nocifs.

- 35 g de noisettes crues
- 180 g de pois chiches cuits ou en conserve
- 110 g de pur sirop d'érable
- 45 g de poudre de cacao cru
- 1 cuil. à soupe d'huile de coco
- 1 cuil. à soupe d'extrait de vanille
- 1 cuil. à soupe de lait de coco
- ½ cuil. à café de sel de mer

Préchauffez le four à 180 °C (350 °F).

Étalez les noisettes sur une plaque de cuisson et faites-les griller 15 minutes.

Transférez-les dans le bol d'un robot ou d'un mélangeur puissant et ajoutez tous les autres ingrédients. Mixez jusqu'à l'obtention d'une mousse fine.

Pour 8 portions

Conseils : *si vous disposez d'un mélangeur muni d'un poussoir (type Vitamix), travaillez à vitesse moyenne et pressez régulièrement les ingrédients jusqu'à l'obtention d'une purée lisse. Si vous désirez une consistance plus fine, ajoutez doucement un peu de lait de coco, petit à petit pour ne pas en mettre trop.*

Le plus !
Les tartinades industrielles sont pleines d'ingrédients mauvais pour la santé, comme le sucre, l'huile de palme et les stabilisants destinés à prolonger leur durée de conservation.

LE SAVIEZ-VOUS ? **Les noisettes sont une excellente source de folates et de vitamine E, qu'il vaut mieux trouver dans son alimentation que dans des suppléments. Certaines études prétendent que les vitamines de synthèse diminuent l'endurance.**

◗ APRÈS L'ENTRAÎNEMENT ◗ BASE NUTRITIONNELLE PLAISIR ◗ SANS GLUTEN
◗ SANS PRODUITS LAITIERS ◗ VÉGANE ◗ PAUVRE EN FODMAP

Tendre guimauve

Quand on grandit au nord-est des États-Unis, enfant on se régale de Fluffernutter, un mélange de crème de guimauve et de beurre d'arachide servi entre deux tranches de pain. À l'issue d'une course cycliste de charité où ces sandwichs étaient servis aux étapes, nous avons été tentées par une version plus adaptée aux sportifs (sans sirop de maïs) de la tartinade préférée de nos jeunes années. Russ et Shari sont un couple complice à l'origine d'Apotheker's, qui fabrique artisanalement des chocolats, des guimauves et des friandises avec des produits éthiques. Ils ont recréé ici cette recette phare de notre enfance.

- 1 blanc d'œuf
- 320 g de pur sirop d'érable
- 1 ½ cuil. à soupe d'extrait de vanille

Mettez le blanc d'œuf dans le bol d'un robot muni d'un fouet et battez-le à vitesse moyenne.

Pendant ce temps, faites chauffer le sirop d'érable pour qu'il atteigne une légère ébullition.

Quand le blanc d'œuf a une consistance de neige ferme et légère, continuez de fouetter en versant très lentement le sirop d'érable chaud. Ajoutez-le par petites quantités, en attendant qu'il soit complètement incorporé avant chaque nouvel ajout.

Quand tout est mélangé, ajoutez l'extrait de vanille.

Mixez encore environ 5 minutes à vitesse moyenne, pour alléger encore le mélange et le rendre très mousseux.

Conservez jusqu'à 1 semaine au réfrigérateur.

Pour 4 portions

Le plus !
Ce mélange remplace toutes les **crèmes de guimauve industrielles**.

LE SAVIEZ-VOUS ? **Le sirop d'érable contient des vitamines B, du manganèse, du calcium, du fer, du zinc, des polyphénols et des composants antioxydants. Comme tout édulcorant, il doit être utilisé avec parcimonie. Mais s'il faut choisir un édulcorant, il reste notre préféré.**

▸ BASE NUTRITIONNELLE PLAISIR ▸ SANS GLUTEN ▸ SANS PRODUITS LAITIERS

CHAPITRE 6

Desserts

Nous aurions certainement pu remplir un livre entier de desserts. Et nous sommes convaincues qu'une nourriture saine associée à une activité physique laisse une bonne marge de manœuvre pour s'autoriser de temps en temps quelques écarts. Nous avons éliminé de nos desserts tous les sucres raffinés, fréquemment utilisés dans les produits industriels. Toutes nos recettes sont naturelles et satisferont votre envie de goût sucré sans culpabiliser. Une petite douceur en quantité raisonnable, et la journée aura été belle !

La glace au chocolat qui décoiffe
(page 117)

Glace vanille aux fèves de cacao

Quand Katelyn Williams de Scoop Sights a commencé à faire chez elle des glaces sans produits laitiers, nous avons été très heureuses d'être parmi les premières à les tester. Très friande de glace, mais aussi fervente de cyclisme et de yoga, elle voulait créer un produit plus diététique. Voici sa version de la classique glace aux brisures de chocolat.

- 2 boîtes de 400 ml de lait de coco bio, entier
- 60 à 120 g de sucre de fleur de coco (selon le goût)
- 2 gousses de vanille
- 2 cuil. à soupe de cacao en poudre cru
- 1 cuil. à café de poudre de maca
- 1 cuil. à café d'extrait de vanille
- 1 pincée de sel de mer
- 45 g de fèves de cacao crues

Versez le lait de coco dans une bouteille et réservez-le pour une autre utilisation. Récupérez la crème dans le fond des boîtes, mettez-la dans une casserole et faites chauffer à feu moyen.

Fendez les gousses de vanille en deux et grattez l'intérieur pour récupérer les graines. Mettez graines et gousses dans la crème de coco, en remuant jusqu'à ce que cette dernière soit bien fondue. Laissez mijoter 1 heure à feu très doux.

Retirez les gousses de vanille et ajoutez le sucre de coco, le cacao, la poudre de maca, l'extrait de vanille et le sel. Mélangez pour bien homogénéiser l'ensemble.

Filtrez le mélange à travers une passoire fine et mettez à refroidir environ 2 heures au réfrigérateur. Plus la préparation est froide au moment d'être versée dans la sorbetière, moins il y a de risque de formation de cristaux.

Faites prendre en suivant les instructions de votre appareil. Ajoutez les fèves de cacao pendant que la crème turbine. Mettez à durcir encore 1 heure au congélateur ou dégustez immédiatement la glace encore crémeuse.

Pour 4 portions

Le plus !
Les glaces industrielles sont pleines de matières grasses et de sucres de mauvaise qualité. Pourquoi ne pas transformer votre friandise favorite en plaisir nutritif ?

◗ BASE NUTRITIONNELLE PLAISIR ◗ SANS GLUTEN ◗ SANS PRODUITS LAITIERS ◗ VÉGANE

La glace au chocolat qui décoiffe

Voici une autre recette de Katelyn Williams de Scoop Sights, qui satisfait son goût pour le chocolat en apportant un « plus » à cette glace. Originaire de La Nouvelle-Orléans, elle aime par-dessus tout les épices, jusque dans ses desserts. Retrouvez-la sur scoopsights.com.

- 450 ml de lait de coco bio, entier, en boîte
- 6 dattes ou 60 g de sucre de fleur de coco (selon le goût)
- 90 g de brisures de chocolat sans lactose
- 1 cuil. à café de poivre de Cayenne
- 2 cuil. à café de cannelle
- 1 cuil. à café d'extrait de vanille
- 1 pincée de sel de mer

Mixez la crème de coco et les dattes (ou le sucre de fleur de coco) en mousse fine à l'aide d'un robot ou d'un mélangeur puissant.

Faites fondre les brisures de chocolat dans une casserole à feu doux, puis ajoutez la cannelle et le poivre de Cayenne.

Versez le chocolat fondu dans la base à la noix de coco et mixez.

Ajoutez l'extrait de vanille, le sel et mixez à nouveau. Mettez à refroidir au réfrigérateur.

Faites prendre dans une sorbetière, en suivant les instructions du fabricant.

Servez la glace saupoudrée d'un peu de cannelle.

Pour 4 portions

***Conseil** : après avoir ajouté la cannelle et le poivre de Cayenne au chocolat fondu, goûtez – sans vous brûler ! – et ajoutez éventuellement un peu de cannelle ou, comme Katelyn aime le faire, encore du poivre de Cayenne !*

▸ BASE NUTRITIONNELLE PLAISIR ▸ SANS GLUTEN ▸ SANS PRODUITS LAITIERS ▸ VÉGANE

Le plus !
Pour remplacer les **friandises** industrielles trop sucrées.

Barres coco-caramel

Voici une idée venue tout droit de la cuisine de Charlotte, une amie. Quand vous avez une envie de sucrerie, ces délicieuses petites barres sont incontestablement ce qu'il y a de meilleur pour vous.

Croûte :

145 g d'amandes crues
180 g de dattes dénoyautées
1 pincée de sel de mer

Caramel :

130 g de beurre de noix de cajou
110 g d'huile de coco bio
3 cuil. à soupe de cacao en poudre
80 g de sirop d'érable
1 cuil. à café d'extrait de vanille

Crème au chocolat :

75 g d'huile de coco
80 g de sirop d'érable
3 cuil. à soupe de cacao en poudre
1 cuil. à café d'extrait de vanille

Pour faire la base croquante, mixez les amandes en poudre fine comme de la farine avec un robot ou un mélangeur puissant.

Ajoutez les dattes et continuez de mixer pour former une pâte.

Transférez le mélange dans un moule carré de 20 cm tapissé de papier parchemin, pressez uniformément et mettez au réfrigérateur.

Pour faire le caramel, mélangez tous les ingrédients au robot. Étalez cette préparation dans le moule, sur la base croquante.

Faites la crème au chocolat, en mixant à leur tour tous les ingrédients. Recouvrez-en les deux couches déjà étalées dans le moule.

Pour 6 portions

Conseil : *notre préférence va aux dattes medjoul qui sont très moelleuses et plus faciles à travailler. N'oubliez pas de les dénoyauter !*

LE SAVIEZ-VOUS ? **Les dattes sont le sucre de la nature. Elles en contiennent bien sûr beaucoup, mais elles sont riches en minéraux comme le fer, le manganèse et le magnésium. Le cacao cru est la forme initiale des fèves de cacao avant leur transformation en chocolat. Riche en antioxydants et en polyphénols, le cacao à des propriétés anti-inflammatoires et il est plus riche en nutriments que la poudre de cacao. C'est aussi une bonne source de fer et de magnésium, minéraux qui améliorent les fonctions musculaires.**

BASE NUTRITIONNELLE PLAISIR · SANS GLUTEN · SANS PRODUITS LAITIERS · VÉGANE

Les pommes du cycliste

Un samedi ensoleillé d'automne, Tara et quelques amis étaient partis à vélo au verger de Honey Pot Hill. Ils faisaient patiemment la queue à la caisse pour aller cueillir des pommes, mais la faim se faisant sentir après un trajet accidenté de 55 km, ils firent un détour par la boutique pour acheter une tarte aux pommes juste sortie du four. Assis sur des balles de foin, ils la dévorèrent sur place, sans fourchettes ni couteaux ! Les doigts tout collants, ils allèrent cueillir leurs pommes et rentrèrent à Boston le ventre un peu lourd. Ce souvenir est à l'origine d'un dessert aux pommes plus sain, imaginé par Kate et son partenaire d'entraînement au triathlon. Jeff le considère maintenant comme sa meilleure collation après les longs parcours à vélo.

- 4 pommes, avec la peau
- 2 cuil. à soupe de beurre d'amande
- 2 cuil. à soupe de sirop d'érable
- 1 cuil. à café de cannelle
- 30 g de noix de grenoble ou de noix de pécan, hachées
- 30 g de canneberges fraîches ou séchées
- 1 pincée de clous de girofle en poudre
- 1 pincée de sel de mer

Préchauffez le four à 190 °C (375 °F) et évidez les pommes.

Dans un bol, réunissez le beurre d'amande, le sirop d'érable, la cannelle, les noix, les canneberges, le clou de girofle et le sel. Mélangez.

Répartissez le mélange entre les 4 pommes, en le glissant à l'intérieur.

Enfournez pour 30 minutes.

Servez ces pommes avec fourchettes et couteaux.

Pour 4 portions

Conseil : *un vide-pomme est un ustensile très pratique pour cette recette. Si vous n'en avez pas, rusez. Coupez les pommes en quartiers et recouvrez-les de la garniture pour faire un genre de crumble.*

Le plus !
Ce dessert remplace la **tarte** et les **croustades aux pommes**.

LE SAVIEZ-VOUS ? **Les clous de girofle contiennent de l'eugénol, un anti-inflammatoire. Ils facilitent aussi la digestion.**

◗ APRÈS L'ENTRAÎNEMENT ◗ BASE NUTRITIONNELLE PLAISIR ◗ SANS GLUTEN
◗ SANS PRODUITS LAITIERS ◗ VÉGANE

Brownies de Boston

Nous ne croyons pas aux repas de substitution ou aux imitations de produits. Mais nous croyons aux douceurs maison, mille fois meilleures. Incorporez des fibres à vos desserts et vous constaterez qu'une plus petite portion vous rassasiera. L'apport nutritif des haricots noirs est important, mais vous ne sentirez que le bon goût de chocolat de ces brownies.

- 400 g de haricots noirs, rincés et égouttés
- 3 pruneaux dénoyautés
- 260 g de chocolat noir (à 70 % de cacao), fondu
- 3 gros œufs
- ½ avocat
- 4 cuil. à soupe d'huile de coco ou d'avocat
- 230 g de miel
- 80 g de farine
- 3 cuil. à soupe de poudre de cacao cru
- 2 cuil. à café d'extrait de vanille
- Le zeste râpé de 2 citrons
- 1 cuil. à café de piment d'Alep en flocons (facultatif)
- 2 cuil. à café de poudre à pâte
- ½ cuil. à café de bicarbonate de soude
- 3 cuil. à soupe de lait entier
- 2 cuil. à soupe de fèves de cacao pour la garniture (facultatif)

Préchauffez le four à 170 °C (325 °F).

Graissez un moule carré de 20 cm et tapissez-le de papier parchemin.

Broyez les haricots et les pruneaux en pâte granuleuse à l'aide d'un robot ou d'un mélangeur puissant.

Ajoutez le chocolat fondu, les œufs, l'avocat, l'huile, et continuez à mixer pour obtenir une consistance mousseuse.

Ajoutez le miel, la farine, la poudre de cacao, l'extrait de vanille, le zeste de citron, éventuellement les flocons de piment, la poudre à pâte et le bicarbonate. Mixez encore pour bien homogénéiser l'ensemble.

Incorporez le lait.

Versez la préparation dans le moule préparé et égalisez la surface à la spatule. Parsemez éventuellement de fèves de cacao.

Faites cuire 20 minutes, jusqu'à ce que la surface soit croustillante et que les bords se décollent légèrement des parois du moule. Laissez refroidir, puis coupez en 12 carrés.

Le plus ! Ces merveilles remplacent tous les **biscuits**, **gâteaux** et autres **brownies**.

Pour 12 portions

Conseil : *essayez d'autres garnitures, comme des cerises séchées ou des groseilles ; ou saupoudrez les brownies de sucre à glacer, d'un peu de zeste de citron supplémentaire et décorez de menthe.*

◗ APRÈS L'ENTRAÎNEMENT ◗ BASE NUTRITIONNELLE PLAISIR
• Version SANS GLUTEN : utilisez de la farine sans gluten.
•• Version SANS PRODUITS LAITIERS : utilisez du lait de coco entier.

Le roi des poudings

Ce pouding est délicieux parce qu'il bluffe ceux qui n'aiment pas les légumes. C'est un délice, en même temps qu'un bon moyen d'intégrer d'excellents nutriments à vos desserts.

- 2 avocats
- 230 g de miel pur ou de sirop d'érable
- 45 g de poudre de cacao cru
- 2 poignées de jeunes pousses d'épinards
- 1 cuil. à café de gélatine bio (facultatif)

Mixez tous les ingrédients en purée fine à l'aide d'un robot ou d'un mélangeur puissant.

Versez la préparation dans un bol et mettez 20 minutes au réfrigérateur.

Pour 4 portions

Conseil *: la gélatine n'est pas indispensable, mais elle apporte du collagène naturel et de la glucosamine. Celle-ci est excellente pour la digestion et les articulations, la peau, les cheveux et les ongles.*

◗ APRÈS L'ENTRAÎNEMENT ◗ BASE NUTRITIONNELLE PLAISIR ◗ SANS GLUTEN ◗ SANS PRODUITS LAITIERS
• Version VÉGANE : supprimez la gélatine.

Glace minute aux petits fruits

Voici un dessert glacé tout simple, sans façons, à faire au mélangeur. Ce n'est pas exactement une glace, mais vous n'avez pas besoin de machine.

- 375 g de bleuets, de fraises ou de framboises congelées
- 1 banane congelée
- 2 cuil. à soupe de graines de chia
- 1 cuil. à soupe d'extrait de vanille
- 1 cuil. à soupe de fèves de cacao
- 1 cuil. à soupe de noix de coco râpée pour la garniture (facultatif)

Mixez tous les ingrédients en mousse fine à l'aide d'un robot ou d'un mélangeur puissant.

Servez sans attendre.

Pour 2 portions

Conseil *: le sucre naturel des fruits nous suffit, mais si vous désirez une glace plus sucrée, vous pouvez ajouter un peu de miel, de sirop d'érable ou de dattes medjoul, à votre goût. Si la consistance est trop épaisse, incorporez un tout petit peu d'eau pendant que vous mixez.*

Le plus ! Une bonne alternative aux **glaces** et aux **sorbets**.

LE SAVIEZ-VOUS ? **Le bleuet est l'un des aliments les plus riches en antioxydants qui soient. C'est un puissant protecteur pour le cœur, la mémoire et le corps en général. Et il est inutile de redire à quel point il est bon !**

◗ AVANT L'ENTRAÎNEMENT ◗ APRÈS L'ENTRAÎNEMENT ◗ SANS GLUTEN ◗ SANS PRODUITS LAITIERS ◗ VÉGANE

Compote de citrouille aux graines de chia

Elizabeth Jarrard est une diététicienne de Denver, spécialiste en nutriments végétaux chez Vega, leader en ce domaine. Passionnée par tout ce qui touche aux bienfaits d'une alimentation saine et bonne pour l'environnement, elle donne l'exemple. Elle nous a beaucoup manqué pendant notre entraînement au November Project de Boston, car elle faisait partie de l'équipe de celui de Denver. Très simple à faire, sa compote aux graines de chia est riche en oméga 3 d'origine végétale.

- 250 ml de lait d'amande à la vanille, non sucré
- 50 g de graines de chia
- 80 g de purée de citrouille
- 1 cuil. à café de sirop d'érable
- ¼ de cuil. à café d'extrait de vanille
- Sel de mer, cannelle, noix de muscade et clous de girofle moulus, selon le goût

Mélangez tous les ingrédients dans un bol, à l'exception des graines de chia.

Incorporez progressivement les graines de chia, une cuillerée à la fois.

Mettez au réfrigérateur et laissez reposer au moins 4 heures, ou jusqu'au lendemain.

Dégustez en en-cas, en dessert, ou même au déjeuner.

Pour 1 ½ portion de 180 g ou 3 portions de 90 g

Le plus !
Pour changer agréablement des **puddings** et **bols de gruau traditionnels**.

LE SAVIEZ-VOUS ? **Contrairement à celles du lin, les graines de chia n'ont pas besoin d'être préalablement broyées pour mieux libérer leurs nutriments. Elles sont riches en oméga 3, en protéines et en antioxydants.**

▸ AVANT L'ENTRAÎNEMENT ▸ APRÈS L'ENTRAÎNEMENT ▸ BASE NUTRITIONNELLE ESSENTIELLE ▸ BASE NUTRITIONNELLE PLAISIR ▸ SANS GLUTEN ▸ SANS PRODUITS LAITIERS ▸ VÉGANE

Cupcakes à la betterave

Nous aimons trouver comment incorporer de la betterave à nos plats, nos jus et même nos desserts. Vous n'imagineriez même pas que ce super-légume se cache dans ces délicieux cupcakes au chocolat.

Pour les cupcakes :

- 100 g de farine de riz brun
- 240 g de sirop d'érable
- 150 g de beurre bio ou d'huile de coco
- 85 g de cacao en poudre
- 250 ml d'eau
- 80 ml de lait de coco
- 1 grosse betterave crue
- 4 œufs
- 1 ½ cuil. à café de poudre à pâte
- ½ cuil. à café de sel de mer
- 1 cuil. à café d'extrait de vanille

Pour le glaçage :

- 55 g de beurre bio
- 55 g d'huile de coco
- 2 cuil. à soupe de miel
- 1 cuil. à café d'extrait de vanille
- 3 cuil. à soupe de noix de cajou hachées
- ½ cuil. à café de jus de citron frais

Préchauffez le four à 180 °C (350 °F).

Posez 6 caissettes en papier dans les alvéoles d'un moule à muffins.

Réunissez tous les ingrédients des cupcakes dans le bol d'un robot puissant et mixez jusqu'à obtenir une pâte lisse et souple.

Remplissez les caissettes et enfournez pour 30 minutes.

Pour faire le glaçage, mélangez tous les ingrédients dans le bol d'un robot ou d'un mélangeur puissant et mixez pour homogénéiser l'ensemble.

Laissez les cupcakes refroidir 15 minutes avant de les recouvrir de glaçage.

Le plus !
À déguster à la place des **cupcakes**, **muffins**, **beignes** ou **biscuits classiques**.

Pour 12 muffins

Conseils : *si votre robot n'est pas suffisamment puissant, faites d'abord cuire la betterave 15 minutes à l'eau bouillante pour l'attendrir. Les cupcakes restent frais 2 jours. Congelez-en quelques-uns si vous ne les mangez pas tout de suite.*

◗ AVANT L'ENTRAÎNEMENT ◗ APRÈS L'ENTRAÎNEMENT ◗ BASE NUTRITIONNELLE PLAISIR
◗ SANS GLUTEN ◗ SANS PRODUITS LAITIERS

Amandines

Nous avons hardiment essayé de convaincre notre éditeur que santé pouvait rimer avec plaisir des bonnes choses et nous lui avons fait goûter ces bouchées pour lui prouver. Et ça a marché !

Pour la base des bouchées :

- 4 cuil. à soupe de beurre d'amande non sucré
- 2 cuil. à soupe de sirop d'érable

Pour la garniture au chocolat :

- 75 g d'huile de coco
- 30 g de cacao en poudre
- 2 cuil. à soupe de sirop d'érable
- ½ cuil. à café d'extrait de vanille
- ½ cuil. à café de sel de mer

Posez des caissettes en papier dans 4 alvéoles d'un moule à muffins de taille standard ou de 8 « mini ».

Dans un bol, mélangez bien le beurre d'amande et le sirop d'érable de la base des bouchées.

Faites chauffer l'huile de coco à feu très doux dans une petite casserole.

Ajoutez le cacao en poudre, le sirop d'érable, l'extrait de vanille et le sel et remuez jusqu'à l'obtention d'une consistance onctueuse. Retirez du feu. Répartissez la préparation à l'amande dans les moules avant de recouvrir de crème au chocolat.

Mettez à durcir 20 minutes au congélateur.

Pour 4 portions

Le plus ! Les **amandines** remplacent toutes les **mauvaises confiseries**.

◗ APRÈS L'ENTRAÎNEMENT ◗ BASE NUTRITIONNELLE PLAISIR ◗ SANS GLUTEN ◗ SANS PRODUITS LAITIERS ◗ VÉGANE ◗ PAUVRE EN FODMAP

II PARTIE

Changer de boissons

Se désaltérer avec des colorants alimentaires…

... ou nourrir son corps ?

7

CHAPITRE

Les boissons des sportifs

En réalisant vos jus de A à Z, vous profiterez de nutriments aussi frais que possible. Généralement, nous associons fruits et légumes, mais si vous essayez de perdre du poids donnez la préférence aux jus de légumes. Si vous aimez inclure régulièrement un verre santé à votre déjeuner quotidien, nous vous recommandons d'investir dans un mélangeur puissant pour conserver les fibres de la peau et des graines. Les fibres des plantes sont pleines de bienfaits. Elles stabilisent la glycémie et contribuent à fournir de l'énergie de manière régulière. Une centrifugeuse convient aussi. Nous récupérons les peaux pour les incorporer à des muffins. Elles ont tellement bon goût ! Nous vous conseillons de limiter les boissons énergétiques toutes faites, dont certains composants synthétiques vous fatigueront plus qu'ils ne vous dynamiseront. Nos boissons santé fournissent une véritable énergie et hydratent naturellement. Ni fausses promesses ni déceptions ensuite : cela vaut bien quelques minutes de plus à la cuisine.

- La betterave de compétition
- Boisson énergétique chocolat-framboise
- Désaltérant au citron-lime
- L'étancheur de soif
- Fraîcheur verte
- Shooter citron
- Les glaçons du sportif

La betterave de compétition
(page 134)

La betterave de compétition

Les betteraves sont les meilleures amies de l'athlète d'endurance, car il est prouvé qu'elles améliorent le transport de l'oxygène dans le sang, améliorant ainsi les performances sportives. Certains fabricants de suppléments alimentaires ont créé des poudres et des concentrés à l'usage des athlètes, mais nous pensons que la betterave la plus efficace est celle que l'on vient de récolter.

- 1 betterave moyenne
- 1 carotte
- ¼ de citron, épluché
- 2 branches de céleri
- 2 cuil. à café de gingembre frais, haché

Réunissez tous les ingrédients dans une centrifugeuse ou dans un mélangeur puissant et mixez-les finement.

Pour 2 portions

Conseil : *au mélangeur, ajoutez 120 ml d'eau.*

Le plus !
Pour remplacer le **jus de betterave pasteurisé** ou les **suppléments d'oxyde nitrique**.

LE SAVIEZ-VOUS ? **Les betteraves sont naturellement riches en nitrates. Le corps les transforme en oxyde nitrique qui améliore le flux sanguin. Certains athlètes d'élite boivent du jus de betterave frais juste avant un entraînement ou une compétition intense. La ration idéale est d'environ 500 ml. D'autres légumes sont de bonnes sources de nitrates : les épinards, le céleri, les radis, la laitue et le chou chinois. La cuisson en altérant certains, il est préférable de manger les légumes crus.**

▸ AVANT L'ENTRAÎNEMENT ▸ APRÈS L'ENTRAÎNEMENT ▸ SANS GLUTEN ▸ SANS PRODUITS LAITIERS ▸ VÉGANE

Boisson énergétique chocolat-framboise

Attention ! Les composants des suppléments alimentaires ne sont pas naturels et peuvent même bloquer l'assimilation des sels minéraux et des nutriments. N'en prenez que si vous avez vraiment besoin d'un coup de fouet.

- 235 ml d'eau
- 75 g de framboises surgelées
- 2 cuil. à soupe de cacao en poudre cru
- 1 cuil. à café de poudre de café vert ou de matcha
- 3 gouttes de ginseng
- 1 cuil. à soupe de sirop d'érable

Mixez tous les ingrédients au robot, jusqu'à l'obtention d'une consistance lisse.

Pour 2 portions

Le plus ! Remplace les **suppléments** et les **boissons énergétiques**, ainsi que le **café**.

LE SAVIEZ-VOUS ? **La poudre de café vert provient des grains crus, plus riches en antioxydants et en nutriments énergétiques que le café torréfié.**

▸ AVANT L'ENTRAÎNEMENT ▸ BASE NUTRITIONNELLE PLAISIR ▸ SANS GLUTEN ▸ SANS PRODUITS LAITIERS ▸ VÉGANE

Désaltérant au citron-lime

Il est important de s'hydrater, mais la plupart des boissons destinées habituellement aux sportifs contiennent des colorants, des additifs et sont très sucrées. Or, un excès de sucre peut provoquer des troubles gastro-intestinaux pendant l'entraînement. Les règles classiques de nutrition sportives préconisent 6 à 8 % de sucre dans une boisson, mais de nouvelles études ont démontré que 4 à 5 % suffisaient.

- 750 ml d'eau
- 2 cuil. à café de sirop d'érable
- Le jus et le zeste de 1 citron
- Le jus de 1 lime
- ¼ cuil. à café de sel de mer celtique (ou sel rose de l'Himalaya)

Mettez tous les ingrédients dans une bouteille et secouez vigoureusement.

Pour 2 portions

Conseil : *pour s'hydrater correctement et éviter les crampes, la qualité du sel est essentielle. Le sel contient des traces de minéraux comme le potassium, le magnésium, le calcium ainsi que du chlorure et des sels minéraux dont votre organisme a besoin pour se régénérer.*

Le plus ! Remplace bien toutes les **boissons traditionnelles pour sportifs**.

▸ AVANT L'ENTRAÎNEMENT ▸ APRÈS L'ENTRAÎNEMENT ▸ SANS GLUTEN ▸ SANS PRODUITS LAITIERS ▸ VÉGANE ▸ PAUVRE EN FODMAP

L'étancheur de soif

Mère Nature est la meilleure des chimistes et cette boisson rafraîchissante pleine de nutriments est un concentré de bienfaits naturels. Associant deux puissants hydratants, elle est riche en sels minéraux et prévient la déshydratation et la fatigue. Si vous avez l'impression d'être déshydraté, ajoutez une pincée de sel pour compenser le manque de sodium.

- 150 g de chair de melon d'eau, sans graines
- 160 g d'eau d'érable
- 115 g de glace
- 6 feuilles de menthe fraîche
- ¼ de cuil. à café de sel de mer

Réunissez tous les ingrédients dans le bol d'un mélangeur et mixez jusqu'à l'obtention d'une boisson mousseuse.

Pour 2 portions

Conseil : *Kate et Jeff, son partenaire d'entraînement au triathlon, sont cofondateurs de DRINKmaple, une société de Concord, dans le Massachusetts, qui commercialise de l'eau d'érable.*

LE SAVIEZ-VOUS ? **L'eau d'érable est la sève de l'arbre. Traditionnellement, elle sert à la fabrication du sirop d'érable par évaporation. C'est une boisson hydratante naturelle qui a la fluidité de l'eau. Elle contient des minéraux, des polyphénols et des antioxydants. Le sucre est produit par la photosynthèse de l'arbre. Étonnamment, sa teneur en sucres est très faible, de moitié moins importante que celle de l'eau de coco.**

◗ AVANT L'ENTRAÎNEMENT ◗ APRÈS L'ENTRAÎNEMENT ◗ SANS GLUTEN ◗ SANS PRODUITS LAITIERS ◗ VÉGANE

Le plus !
Ce mélange remplace toutes les **boissons traditionnelles pour sportifs** et l'**eau de coco aromatisée**.

Fraîcheur verte

Nous sommes tombées amoureuses de cette boisson, parce qu'elle ne contient que des légumes et par là est moins sucrée que la majorité des jus. Les jus de légumes sont riches en chlorophylle, ce qui en fait les meilleurs énergisants naturels. Remplacez votre boisson énergétique par cette boisson remontante.

- 1 concombre
- 4 branches de céleri
- 2 feuilles de pissenlit
- ½ bulbe de fenouil
- 2 cuil. à soupe de coriandre
- ½ lime, épluchée

Passez tous les ingrédients à la centrifugeuse ou mixez-les en liquide lisse et onctueux avec un mélangeur puissant.

Pour 2 portions

Le plus !
Pour remplacer le **café** et les **jus** et **boissons énergétiques**.

LE SAVIEZ-VOUS ? **Le pissenlit n'est pas seulement la mauvaise herbe qui enlaidit nos pelouses ; c'est un légume riche en nutriments. Il est un peu amer et il faut adapter progressivement la quantité utilisée à votre goût. Bonne source de fer, de calcium et de vitamine C, le pissenlit est connu pour ses bienfaits détoxifiants, car il stimule le foie et élimine les toxines.**

« Je suis probablement la seule personne au monde à aimer le goût du pissenlit. »
KATE

◗ AVANT L'ENTRAÎNEMENT ◗ APRÈS L'ENTRAÎNEMENT ◗ SANS GLUTEN
◗ SANS PRODUITS LAITIERS ◗ VÉGANE

Shooter citron

Vous adorerez ou vous détesterez, il n'y a pas de juste milieu. Mais vous pouvez adopter notre shooter avant ou après l'entraînement, car il est fantastique pour prévenir les crampes. Qui est pour ?

60 ml de « jus de *pickles* »
Le jus de 1 citron

Avec un verre à shooter, mesurez 2 doses de « jus de *pickles* » et versez-les dans un bocal à couvercle hermétique.

Ajoutez le jus de citron et secouez vivement.

Servez dans des petits verres ou des verres à shooter. Santé !

Pour 2 portions (ou 1 en cas de forte déshydratation)

Conseil : *les athlètes qui transpirent beaucoup peuvent souffrir de crampes dues à la déshydratation et au manque de sels minéraux. Le « jus de* pickles *» alimente efficacement en sodium. Ce shooter n'est pas pratique à prendre en cours d'entraînement ; buvez-le donc 30 à 45 minutes avant le départ. Il est aussi très efficace juste après une longue épreuve d'endurance.*

Le plus !
Une bonne alternative aux **boissons énergétiques** ou aux **sels minéraux en poudre**.

LE SAVIEZ-VOUS ?

Tous les « jus de *pickles* » ne se valent pas. Vérifiez la qualité des composants et choisissez ceux sans sucres, sans colorants et sans ingrédients inconnus.

◗ AVANT L'ENTRAÎNEMENT ◗ APRÈS L'ENTRAÎNEMENT ◗ SANS GLUTEN
◗ SANS PRODUITS LAITIERS ◗ VÉGANE

Les glaçons du sportif

Boire de l'eau est un peu triste, mais il faut bien s'hydrater pour optimiser nos performances. Vous pouvez faire ces glaçons acidulés avec tout ce que vous avez de bon au réfrigérateur. Mettez suffisamment d'ingrédients pour faire oublier l'eau, mais pas trop pour que la recette reste simple.

- 1 bac à glaçons (pour des gros cubes) ou un moule à alvéoles de formes ludiques
- 1 poignée de menthe finement hachée
- 1 concombre, grossièrement haché
- La pulpe hachée et le zeste râpé de 1 citron
- Eau

Mélangez la menthe, le concombre, la pulpe du citron et son zeste.

Répartissez le mélange dans les cases du bac à glaçons. Remplissez juste d'eau. Mettez à durcir au congélateur.

Pour 4 à 6 portions

Conseil : *parmi nos associations préférées : fraise-menthe, lime-basilic et concombre, citron Meyer-framboises.*

Le plus !
Pour changer d'une **bouteille d'eau nature** ou **aromatisée**.

◗ AVANT L'ENTRAÎNEMENT ◗ APRÈS L'ENTRAÎNEMENT ◗ SANS GLUTEN
◗ SANS PRODUITS LAITIERS ◗ VÉGANE ◗ PAUVRE EN FODMAP

Smoothie à l'eau d'érable (page 144)

CHAPITRE 8

Smoothies et laits

Un smoothie, c'est tout simple. Il suffit d'un mélangeur puissant, de bons ingrédients et de 2 minutes de votre temps. Nos smoothies et nos laits protéinés nourriront vos muscles avec quelques produits naturels, faciles à mixer et très savoureux. Il n'y a vraiment rien de plus simple !

Smoothie à l'eau d'érable

Ce smoothie est idéal pour découvrir les smoothies de légumes. Il est parfait pour prendre plus de verdure en ayant l'impression de déguster un milk-shake à la fraise.

- 250 g de fraises surgelées
- 35 g de noix de cajou crues
- 1 cuil. à soupe de graines de chia
- 2 dattes medjoul
- ½ cuil. à café d'extrait de vanille
- 115 g de glaçons
- 1 petite poignée (30 g) de jeunes pousses d'épinards
- 250 ml d'eau d'érable

Mixez tous les ingrédients en une boisson lisse et onctueuse, à l'aide d'un mélangeur puissant.

Pour 2 portions

Le plus !
Une agréable alternative aux **milk-shakes** et aux **boissons protéinées**.

LE SAVIEZ-VOUS ?

Les fraises sont riches en vitamine C, qui favorise l'assimilation du fer des légumes. En association, fraises et épinards optimisent l'apport nutritionnel.

◗ APRÈS L'ENTRAÎNEMENT ◗ SANS GLUTEN ◗ SANS PRODUITS LAITIERS ◗ VÉGANE

Lait de cajou aux graines de chia

Les laits végétaux sont bons pour la santé et les faire soi-même est étonnamment facile. Pour gagner du temps, préparez-en une grande quantité en début de semaine et conservez-le jusqu'à 8 jours au réfrigérateur, dans un bocal ou une bouteille hermétique.

- 140 g de noix de cajou crues
- 875 ml d'eau
- 1 cuil. à soupe de graines de chia
- 1 datte medjoul ou 2 cuil. à soupe de pur sirop d'érable
- ½ cuil. à café d'extrait de vanille
- ¼ de cuil. à café de sel de mer

Mixez tous les ingrédients en une boisson lisse et onctueuse, à l'aide d'un mélangeur puissant. Augmentez ou diminuez la proportion de dattes et de sirop d'érable selon votre goût.

Pour 2 portions

Conseils : *vous pouvez remplacer les noix de cajou par toute autre noix dont vous préférez le goût.*

En page 146, vous trouverez comment les faire tremper et filtrer le lait obtenu.

Le plus !
Cette boisson est un bon substitut aux **laits** et aux **milk-shakes à la vanille**.

◗ APRÈS L'ENTRAÎNEMENT ◗ SANS GLUTEN ◗ SANS PRODUITS LAITIERS ◗ VÉGANE
• Version PAUVRE EN FODMAP : remplacez les noix de cajou par des graines de citrouille crues et supprimez les dattes.

Smoothie crémeux Piña Colada

Jenna, fondatrice de Green Blender, spécialiste du smoothie, a créé celui-ci en pensant au cocktail du même nom. Elle a cherché à lui apporter un « plus santé » avec quelques bons ingrédients, comme le chou-fleur et la spiruline. Le chou-fleur contient des phytonutriments, les glucosinolates, qui peuvent aider le corps à éliminer les toxines. Mixé, ce légume devient crémeux. La spiruline renforce le système immunitaire, facilite la digestion et diminue les inflammations. Quand Jenna n'est pas en train d'imaginer un nouveau mélange, elle participe à des compétitions d'endurance ou écrit sur la santé et la mise en forme.

- 85 g d'ananas
- 250 ml d'eau
- 2 poignées (60 g) d'épinards
- 1 banane
- 2 bouquets de chou-fleur
- 2 cuil. à soupe de noix de coco râpée déshydratée
- 1 cuil. à café de spiruline
- 1 bol de glaçons

Mixez tous les ingrédients en une boisson lisse et onctueuse, à l'aide d'un mélangeur puissant.

Pour 2 portions

Le plus !
Une bonne alternative aux **fruits exotiques très sucrés**.

LE SAVIEZ-VOUS ? **La spiruline est une microalgue aux qualités nutritionnelles exceptionnelles. Excellente source de vitamines B, C, D et E, elle est aussi riche en potassium, chrome, cuivre, magnésium, manganèse, phosphore, sélénium, sodium et en zinc. Des études ont prouvé qu'elle renforçait le système immunitaire, facilitait la digestion et diminuait les inflammations. Les algues aident efficacement à la récupération après l'effort.**

▸ APRÈS L'ENTRAÎNEMENT ▸ SANS GLUTEN ▸ SANS PRODUITS LAITIERS ▸ VÉGANE

Lait d'amande chocolaté

Le lait chocolaté est présenté aux athlètes comme la boisson de récupération idéale. S'il est vrai que c'est une bonne association de glucides et de protéines qui aident à récupérer, il contient aussi de moins bons ingrédients. Notre lait d'amande chocolaté est riche en nutriments et a des propriétés anti-inflammatoires. Faites-le à l'avance pour disposer d'une boisson qui permet vraiment de récupérer tout de suite après l'entraînement.

- 145 g d'amandes crues
- 875 ml d'eau
- 1 cuil. à café de cacao en poudre cru
- 4 cuil. à soupe de pur sirop d'érable
- ½ cuil. à café d'extrait de vanille
- ¼ de cuil. à café de sel de mer
- 1 pincée de poudre de maca (facultatif)

Mixez tous les ingrédients en une boisson lisse et onctueuse, à l'aide d'un mélangeur puissant. Augmentez ou diminuez la proportion d'amandes et de sirop d'érable selon votre goût.

Pour 2 portions

Conseil : *nous aimons la consistance de ce lait (et la simplicité de la recette), mais si vous préférez une texture plus fine, vous pouvez le filtrer à travers une mousseline ou un sac à lait de noix (Nut Milk Bag). Vous en trouverez sur Internet et dans les magasins d'alimentation diététique.*

Le plus !
Délicieux à la place du **lait chocolaté** ou des **boissons de récupération** et **laits d'amande tout faits**.

LE SAVIEZ-VOUS ? **Faire tremper les amandes améliore l'assimilation des nutriments et donne une onctuosité exceptionnelle à cette boisson. Si vous avez le temps, faites tremper les amandes une nuit (ou au moins 5 heures) dans un bol d'eau froide. Cette opération libère les enzymes, ce qui vous permet de mieux profiter de cette boisson nutritive.**

▸ APRÈS L'ENTRAÎNEMENT ▸ SANS GLUTEN ▸ SANS PRODUITS LAITIERS ▸ VÉGANE

Smoothie vert à la menthe

Avec ce smoothie, vous allez retrouver le plaisir des cornets de glace à la menthe et au chocolat de votre enfance. Mais le résultat sera beaucoup plus nutritif !

- 375 ml d'eau
- 40 g d'amandes crues
- 12 feuilles de menthe fraîche
- 2 cuil. à soupe de pur sirop d'érable
- 1 poignée (30 g) d'épinards
- 1 banane congelée
- 1 cuil. à soupe de fèves de cacao cru
- 1 cuil. à café d'extrait de vanille
- 1 bol de glaçons
- ½ avocat

Mixez tous les ingrédients en une boisson lisse et onctueuse, à l'aide d'un mélangeur puissant.

Pour 2 portions

Conseil : *osez changer et remplacez les épinards par d'autres légumes verts comme le chou kale, la bette ou le chou collard. Souvenez-vous que, de tous, les épinards sont les plus délicats.*

Le plus !
Une délicieuse alternative aux **smoothies** et aux **milk-shakes classiques**.

LE SAVIEZ-VOUS ? **La menthe est utilisée depuis des siècles pour ses propriétés médicinales. Elle favorise la digestion en apaisant les irritations de l'estomac et en soulageant des indigestions.**

▸ APRÈS L'ENTRAÎNEMENT ▸ BASE NUTRITIONNELLE PLAISIR ▸ SANS GLUTEN ▸ SANS PRODUITS LAITIERS ▸ VÉGANE ▸ PAUVRE EN FODMAP

Smoothie glacé au café

La caféine, la maca et les graines de chia de ce smoothie vont vous apporter un complément d'énergie, sans les inconvénients des habituelles boissons caféinées, agréables à consommer, mais pleines de sucres.

- 250 ml de café (si possible infusé à froid), non sucré
- 250 ml d'eau d'érable (ou d'eau minérale)
- 35 g de noix de cajou crues
- 1 cuil. à café de poudre de maca
- 2 cuil. à soupe de graines de chia
- 2 cuil. à soupe de pur sirop d'érable
- 1 cuil. à café d'extrait de vanille
- 1 bol de glaçons

Mixez tous les ingrédients à l'aide d'un mélangeur puissant et régalez-vous !

Pour 2 portions

Le plus !
Meilleur que tous les **milk-shakes**, **lattés**, **frappés** et **autres boissons** et **smoothies classiques au café**.

LE SAVIEZ-VOUS ? **Le café infusé à froid est moins acide et donc plus facile à digérer. Il est meilleur pour la santé osseuse.**

◗ APRÈS L'ENTRAÎNEMENT ◗ BASE NUTRITIONNELLE PLAISIR ◗ SANS GLUTEN ◗ SANS PRODUITS LAITIERS ◗ VÉGANE

• Version PAUVRE EN FODMAP : remplacez les noix de cajou par des amandes crues.

Le smoothie explosif chocolat-épices

Ce smoothie épicé est la version crémeuse d'un dessert décadent au chocolat fondu. Jenna, de Green Blender, a remplacé le sucre et le beurre pour obtenir un dessert plus riche en fibres et en potassium.

- 2 poignées (60 g) d'épinards
- 1 banane
- 1 cuil. à soupe de fèves de cacao crues
- 1 cuil. à café de cannelle
- 1 pincée de poivre de Cayenne
- ½ avocat
- 250 ml d'eau
- ½ bol de glaçons

Mixez tous les ingrédients au mélangeur en une boisson lisse et onctueuse.

Pour 2 portions

Le plus !
Une bonne alternative aux **milk-shakes** et aux **boissons de récupération industrielles**.

◗ APRÈS L'ENTRAÎNEMENT ◗ SANS GLUTEN ◗ SANS PRODUITS LAITIERS ◗ VÉGANE
◗ PAUVRE EN FODMAP

Crème au chocolat de récupération

Cette crème n'est autre qu'un smoothie de récupération servi dans un bol. C'est le déjeuner vite fait de Kate les jours d'Ironman. Aux compétitions, en la voyant se régaler, tout le monde lui demande la recette.

- 310 g de cerises congelées
- 70 g de feuilles (sans les tiges) de chou kale ou d'épinards
- 2 cuil. à soupe de cacao en poudre cru
- 1 ½ cuil. à soupe de graines de chia
- 1 cuil. à soupe de protéines en poudre naturelles (chanvre ou riz complet germé)
- 1 cuil. à soupe de fèves de cacao
- ½ cuil. à café de poudre de maca
- 1 cuil. à soupe de gélatine bio (facultatif)
- 2 dattes, miel ou pur sirop d'érable (facultatif)

Réunissez tous les ingrédients, à l'exception des fèves de cacao, dans le bol d'un robot puissant ou d'un mélangeur. Mixez en une crème fine.

Servez dans des bols, parsemez de fèves de cacao et de fruits frais, tels que figues, bananes, petits fruits ou grenade.

Pour 2 portions

Conseils : *pour une saveur plus délicate, choisissez de jeunes feuilles d'épinards ou de chou kale. Si vous disposez d'un mélangeur muni d'un poussoir (type Vitamix), pressez régulièrement les ingrédients avec celui-ci. Si la consistance est trop épaisse, fluidifiez avec un peu d'eau, ajoutée très progressivement.*

◗ APRÈS L'ENTRAÎNEMENT ◗ BASE NUTRITIONNELLE PLAISIR ◗ SANS GLUTEN ◗ SANS PRODUITS LAITIERS ◗ VÉGANE

PARTIE III

Changer de suppléments

Élaboré industriellement...

... ou tout frais récolté de la ferme ?

Bouillon de Boston Strong
(page 158)

CHAPITRE

9

Les solutions santé

Le stress de la vie moderne perturbe inévitablement nos organismes. À chaque agression, le système immunitaire doit réagir pour détruire bactéries et virus et nous aider à retrouver une bonne santé. Si nous ne les contrôlons pas, ces affections peuvent toucher le cœur, les articulations, l'humeur et même la mémoire. Certains facteurs comme la pratique sportive trop intensive, le manque de sommeil, l'excès de stress ou une mauvaise alimentation sont parfois à l'origine de sérieux problèmes. Ces dysfonctionnements, tant aigus que chroniques, font partie de notre vie quotidienne et il faut tout faire pour les atténuer. Il existe des poudres et des gélules pour tout. Plutôt que de recourir à ces médicaments qui n'en sont pas, nous plaidons pour une alimentation aussi naturelle que possible, qui vous apportera tous ces éléments. Être attentif à ce que l'on mange, ralentir son rythme, se relaxer régulièrement, savoir rire, tout participe à une démarche globale de santé.

Bouillon de Boston Strong
Shot d'aloe vera
Le cidre de feu
Tonique au curcuma
Latte crémeux au curcuma
Élixir ortie-menthe
Le super chou
Bonbons à la gelée
Injera

Bouillon de Boston Strong

À première vue, cette recette peut impressionner (faut-il vraiment des os et 24 heures de cuisson ?), mais elle est très facile à faire avec un minimum d'organisation. Nous avons constaté par nous-mêmes les bienfaits d'un bon bouillon et nos sportifs ne jurent que par cela.

- 2 l d'eau
- 2 ou 3 os longs de bœuf bio, nourri à l'herbe
- 3 carottes, en gros morceaux
- 4 branches de céleri, grossièrement hachées
- 1 oignon, pelé et grossièrement haché
- 2 gousses d'ail, pelées et grossièrement hachées
- 3 cuil. à soupe de vinaigre de cidre non filtré bio
- 1 cuil. à café de sel de mer
- Le jus de 1 citron

Préchauffez le four à 180 °C (350 °F).

Posez les os sur une plaque de cuisson et faites-les rôtir 20 minutes.

Remplissez d'eau une grande marmite, ajoutez les os et les autres ingrédients et portez à vive ébullition.

Baissez le feu, couvrez et laissez cuire aussi doucement que possible pendant 24 à 48 heures.

Retirez les os et les légumes de la marmite et versez le bouillon dans des bocaux à couvercle hermétique.

Mettez au réfrigérateur et prélevez des portions au fur et à mesure de vos besoins.

Pour un maximum d'efficacité, consommez le bouillon l'estomac vide ou après l'exercice.

Pour 8 à 10 portions

Conseils : *il vous faut ici des os longs de bœuf. Vous trouverez du bœuf nourri à l'herbe auprès de producteurs locaux ou dans des magasins de produits bio. Cette recette est idéale à faire en mijoteuse.*

Le plus !
Remplacez par ce bouillon toutes les poudres et pilules de **glucosamine**, de **chondroïtine** et de **suppléments glutaminiques**.

LE SAVIEZ-VOUS ? **Les os contiennent naturellement de la glucosamine, de la chondroïtine et de l'acide hyaluronique, autant d'éléments bénéfiques pour les articulations et le système gastro-intestinal. Quand celui-ci fonctionne bien, on digère mieux et on absorbe plus de nutriments. Une excellente raison de faire de ce bouillon un élément essentiel de votre alimentation.**

◗ APRÈS L'ENTRAÎNEMENT ◗ SANS GLUTEN ◗ SANS PRODUITS LAITIERS
• Version PAUVRE EN FODMAP : supprimez l'ail et l'oignon.

Shot d'aloe vera

Après les durs entraînements pour l'Ironman, Kate a pris l'habitude de prendre un shot d'aloe vera. Ce n'est peut-être pas très bon, mais très efficace pour récupérer car c'est un puissant anti-inflammatoire. L'aloe vera est également bon pour le système digestif ; il prévient et soulage naturellement la douleur.

1 feuille d'aloe vera
750 ml d'eau (ou de jus d'orange frais)

Coupez les extrémités puis les bords de la feuille d'aloe vera. Avec un couteau tranchant, pelez la face plate pour retirer tout le vert. Récupérez à l'aide d'une cuillère le gel qui se trouve à l'intérieur.

Mettez le gel d'aloe dans le bol d'un mélangeur avec l'eau ou le jus d'orange et mixez pendant 2 minutes.

Versez dans un bocal ou une bouteille hermétique et conservez au réfrigérateur.

Buvez un shot (30 ml) quotidien ou après les entraînements difficiles.

Pour 6 portions

Conseil : *si préparer votre shot vous-même ne vous tente pas, achetez du jus d'aloe sans agents de conservation, ni sucre ou autres additifs. Choisissez une marque précisant « pur jus d'aloe vera ».*

Le plus !
Pour nous, l'aloe vera remplace très bien certains **anti-inflammatoires** comme l'**ibuprofène**. Quand nous en avons sous la main, il nous sert à atténuer la douleur.

LE SAVIEZ-VOUS ? **Surnommée « plante de l'immortalité » par les Égyptiens, l'aloe vera est l'une des plus anciennes plantes médicinales connues. Elle a des propriétés anti-inflammatoires et peut atténuer les raideurs et les douleurs arthritiques, musculaires et articulaires. On trouve des feuilles d'aloe vera dans les magasins de produits naturels et dans les épiceries exotiques.**

▸ APRÈS L'ENTRAÎNEMENT ▸ SANS GLUTEN ▸ SANS PRODUITS LAITIERS ▸ VÉGANE

Le cidre de feu

Le cidre de feu est un ancien remède populaire, consommé depuis des siècles. Ses puissantes propriétés antibactériennes, anti-inflammatoires et antimicrobiennes aident à lutter contre les états grippaux et améliorent la digestion et le système immunitaire. Certains sportifs le prennent préventivement tous les matins, surtout en saison hivernale. Ce n'est pas ce qui se fait de meilleur au goût, mais cette boisson vous donnera force et santé.

- 750 ml de vinaigre de cidre bio, non filtré
- 80 g d'ail, pelé et haché
- 80 g d'oignon, pelé et haché
- 50 g de raifort frais, haché
- 50 g de racine de curcuma, hachée
- 50 g de gingembre bio, pelé et haché
- 1 piment japaleño ou habanero, haché
- ½ orange ou ½ pamplemousse bio haché
- ½ citron bio, haché
- 20 g de miel bio, ou selon le goût (facultatif)

Réunissez tous les ingrédients dans un grand bocal et fermez hermétiquement.

Laissez infuser 3 à 4 semaines à température ambiante, en secouant tous les deux jours.

Filtrez l'infusion et versez-la dans un nouveau bocal propre.

Conservez au réfrigérateur et prélevez un shot tous les jours.

Pour 12 portions

Le plus !
Remplace les **médicaments** contre les **états grippaux** et les **décongestionnants**.

Conseils : *faites cette infusion avant la saison froide pour qu'elle soit prête quand tout le monde autour de vous commencera à tomber malade. Vous pouvez aussi trouver du bon cidre de feu dans des magasins de produits naturels et sur Internet. Comme toujours, vérifiez-en la composition. Nous en préparons une grande quantité et le conservons tout l'hiver au réfrigérateur.*

LE SAVIEZ-VOUS ? **Bien qu'il y ait un temps pour recourir aux médicaments classiques (suivez toujours les recommandations de votre médecin), nous vous conseillons d'essayer cette préparation traditionnelle pour lutter contre les coups de froid. Beaucoup de médicaments en vente libre contiennent des ingrédients synthétiques et des colorants alimentaires.**

▸ SANS GLUTEN ▸ SANS PRODUITS LAITIERS
* Version VÉGANE : remplacez le miel par du pur sirop d'érable.

Tonique au curcuma

Depuis des années, en Inde, on consomme la racine de curcuma pour ses puissantes vertus médicinales. Nous avons constaté que nos athlètes couraient mieux et se sentaient plus en forme après avoir mis du curcuma dans leurs plats et leurs smoothies. N'ayez pas peur d'essayer un shot de ce tonique épicé. Si vous le préférez plus doux, ajoutez un peu de miel bio ou de pur sirop d'érable pour l'adapter à votre goût.

1 morceau de racine de curcuma d'environ 10 cm ou 2 cuil. à café de curcuma en poudre

1 morceau de racine de gingembre d'environ 10 cm de long

1 l d'eau

1 pincée de poivre

Miel bio, selon le goût

Mixez les ingrédients pendant 2 minutes à l'aide d'un mélangeur puissant.

Consommez aussitôt ou versez la boisson dans un bocal ou une bouteille hermétique et conservez au réfrigérateur.

Pour 8 portions

LE SAVIEZ-VOUS ? **Il est prouvé que le poivre noir favorise l'assimilation du curcuma quand les deux sont absorbés ensemble.**

◗ AVANT L'ENTRAÎNEMENT ◗ APRÈS L'ENTRAÎNEMENT ◗ SANS GLUTEN
◗ SANS PRODUITS LAITIERS
• Version VÉGANE : remplacez le miel par du pur sirop d'érable.

4
3 1/2
3
2 1/2
2
1 1/2
1
1/2
cups

Latte crémeux au curcuma

Un conseil essentiel pour récupérer est de consommer plus de curcuma. Le problème est toujours de savoir comment en prendre sans manger de curry tous les soirs. Nous avons demandé à Elise, de Kale and Chocolate, de nous donner sa recette préférée au curcuma et elle a imaginé ce latte délicieux que l'on peut boire à tout moment de la journée.

- 250 ml de lait d'amande ou de coco non sucré
- 1 cuil. à soupe bombée de curcuma frais, râpé (ou 2 cuil. à café de pâte de curcuma, voir Conseils)
- 1 cuil. à soupe de gingembre frais râpé (ou 1 cuil. à café de gingembre en poudre)
- 1 cuil. à café de cannelle
- 1 cuil. à soupe d'huile de coco ou de ghee
- Pur sirop d'érable, selon le goût

Dans une petite casserole, faites chauffer doucement le lait d'amande ou de coco, sans atteindre l'ébullition. Ajoutez le curcuma, le gingembre et la cannelle.

Incorporez l'huile de coco au mélange et faites chauffer pour le faire fondre.

Sucrez à votre goût avec du sirop d'érable.

Fouettez éventuellement au batteur électrique ou au mixeur plongeur pour aérer le mélange et le faire mousser.

Pour 1 portion

Conseil : *si vous ne trouvez pas de racine de curcuma frais, faites une pâte en mélangeant 2 cuillerées à café de curcuma en poudre avec 2 cuillerées à café d'eau.*

▸ BASE NUTRITIONNELLE PLAISIR ▸ SANS GLUTEN ▸ SANS PRODUITS LAITIERS ▸ VÉGANE ▸ PAUVRE EN FODMAP

Élixir ortie-menthe

La massothérapeute de Kate nous a fait découvrir l'infusion d'ortie. Elle ne tarit pas d'éloges sur tous ses bienfaits et nous a expliqué combien elle a aidé de sportifs à se débarrasser de leurs allergies, de l'asthme dû à l'effort et de leur fatigue générale.

- 1 poignée (115 g) d'ortie séchée
- 1 poignée (190 g) de menthe fraîche ou séchée
- 1 l d'eau

Mettez l'eau, les orties et la menthe dans une casserole et portez à ébullition.

Baissez le feu et laissez bouillir doucement pendant 5 minutes.

Filtrez le contenu de la casserole pour retenir les feuilles.

Dégustez chaud ou conservez au réfrigérateur, dans des bocaux ou des bouteilles hermétiques et buvez comme une infusion froide.

Pour 4 portions

Conseil : *vous trouverez des orties séchées dans les magasins de produits naturels. Encore plus simple, elles se vendent aussi en sachets tout prêts.*

LE SAVIEZ-VOUS ? **Les orties ont une longue histoire. Shakespeare les mentionne dans l'une de ses pièces. Les orties sont riches en fer, favorisent la régénération des globules rouges et atténuent la fatigue. Elles contiennent aussi beaucoup de calcium.**

▸ AVANT L'ENTRAÎNEMENT ▸ APRÈS L'ENTRAÎNEMENT ▸ SANS GLUTEN
▸ SANS PRODUITS LAITIERS ▸ VÉGANE ▸ PAUVRE EN FODMAP

Le super chou

La fermentation est une très ancienne méthode de conservation des légumes. La recette de fermentation la plus courante est sans doute la choucroute. Les légumes traités traditionnellement par lacto-fermentation contiennent de bons probiotiques, excellents pour le système intestinal et qui favorisent la digestion et l'assimilation des nutriments. Les aliments fermentés améliorent aussi le système immunitaire. Cette recette est très simple, mais il faut laisser fermenter les légumes suffisamment longtemps.

- 1 chou vert ou rouge, émincé ou haché
- 4 betteraves rouges, hachées
- 1 poire, hachée
- 1 cuil. à café de gingembre frais râpé
- 1 cuil. à soupe de sel de mer

Réunissez tous les ingrédients dans un grand bol et remuez à la main pour bien faire pénétrer le sel.

Transvasez dans un pot à choucroute en céramique ou un bocal à couvercle qui tiendra lieu de fermenteur (pot Mason). Pressez bien.

Si vous utilisez un pot à choucroute, posez un poids sur le chou pour bien le presser. S'il s'agit d'un pot Mason, placez un plus petit bocal – à confiture – à l'intérieur, toujours sur le chou, après l'avoir lesté de cailloux. Fermez hermétiquement.

Placez dans un endroit sec et frais pendant 1 à 2 mois.

Sortez le chou du pot à fermenter et mettez-le dans un bocal propre, au réfrigérateur. Il se conserve jusqu'à 6 mois.

Pour 24 portions

Conseils : *quand vous achetez de la choucroute, vérifiez qu'elle contient des probiotiques actifs. Quand le chou a été lacto-fermenté, il ne contient pas de vinaigre et on le conserve au froid, avec les produits frais.*

Le plus !
Cette recette est un parfait substitut aux **suppléments probiotiques.**

◗ APRÈS L'ENTRAÎNEMENT ◗ SANS GLUTEN ◗ SANS PRODUITS LAITIERS ◗ VÉGANE
• Version SANS FODMAP : remplacez la poire par du raisin.

Bonbons à la gelée

Ces petites bouchées rappellent des confiseries enfantines, sans les méfaits du sucre. Ces bonbons à la gelée sont faits avec de la gélatine bio, excellente pour le système digestif.

- 145 g de fraises ou de petits fruits mélangés
- 80 ml d'eau
- 4 cuil. à soupe de gélatine bio, nature
- Le jus de 1 citron
- Pur sirop d'érable, selon le goût (facultatif)

Mixez les fraises avec le jus de citron et l'eau.

Versez ce coulis dans une casserole et faites chauffer à feu moyen. Incorporez lentement la gélatine et le sirop d'érable, en remuant jusqu'à ce que la gélatine soit complètement fondue.

Versez la préparation dans des petits moules, un bac à glaçons ou un plat à gratin en verre. Mettez à prendre au réfrigérateur pendant 45 minutes.

Si vous avez utilisé un plat en verre, découpez en petits cubes au couteau, ou donnez d'autres formes à l'emporte-pièce.

Pour 6 portions

Conseils : *vous pouvez faire ces petites gelées en verrines ou dans des coupelles. Versez-y directement la préparation et mettez au réfrigérateur.*

Changez de parfum en remplaçant les fraises par des oranges, des bleuets, des cerises ou des framboises.

Le plus !
Une délicieuse alternative aux **suppléments alimentaires** que sont la **glucosamine** et la **chondroïtine**.

▸ AVANT L'ENTRAÎNEMENT ▸ APRÈS L'ENTRAÎNEMENT ▸ SANS GLUTEN
▸ SANS PRODUITS LAITIERS ▸ PAUVRE EN FODMAP

Injera

L'injera est une galette traditionnelle essentielle en Éthiopie et en Érythrée, qui ressemble à une crêpe au levain souple. Elle est faite avec du teff, une céréale africaine riche en fer, fermentée quelques jours, qui est une bonne source de probiotiques. Debra – de Debra' Natural Gourmet, un de nos magasins favoris de produits naturels à Boston – nous en a donné sa recette.

- 200 g de farine de teff
- 500 ml d'eau
- 1 cuil. à café de sel de mer
- 1 cuil. à soupe de ghee, d'huile de coco ou d'huile d'olive vierge extra

Mélangez la farine de teff, l'eau et le sel pour former une pâte lisse et sans grumeaux.

Laissez reposer cette pâte à température ambiante, dans un bol couvert d'un torchon, jusqu'à ce que des bulles se forment. Cela prend 2 à 3 jours.

Faites chauffer le ghee ou l'huile dans une grande poêle à feu moyen.

Mesurez 60 ml de pâte dans une tasse et versez-la dans la poêle. Faites cuire chaque galette jusqu'à ce que des bulles se forment en surface et que les bords se soulèvent un peu. Elles doivent ressembler à des crêpes.

Laissez refroidir. Empilez les galettes au fur et à mesure, en les séparant par du papier d'aluminium ou parchemin, pour éviter qu'elles ne collent.

Dégustez les injeras en les déchirant à la main, nature ou pour saucer.

Pour 4 galettes

Conseil : *si vous souhaitez une galette plus croustillante, retournez l'injera dans la poêle et faites cuire l'autre face une minute de plus.*

Le plus !
Bien meilleur que **pains** et **pains plats**, **craquelins** et **chips**.

LE SAVIEZ-VOUS ? **Le teff ne sert pas uniquement à faire l'injera. On le sert en gruau le matin, ou en accompagnement d'autres plats. C'est une délicieuse céréale sans gluten, riche en calcium, en fer, en fibres et en protéines. Vous en trouverez avec les autres graines ou dans les épiceries africaines.**

◗ AVANT L'ENTRAÎNEMENT ◗ APRÈS L'ENTRAÎNEMENT ◗ SANS GLUTEN ◗ SANS PRODUITS LAITIERS ◗ PAUVRE EN FODMAP

Remerciements

Nous remercions toutes deux Jess Haberman, notre éditrice chez Fair Winds Press. Elle est là depuis le jour 1. Elle a toujours cru en nous et nous a aidées tout au long de cette aventure. Nous remercions aussi Betsy Gammons et Anne Re, de Fair Winds, de nous avoir guidées sur la bonne voie. Merci à Kristin Teig et à Catrine Kelty, talentueuses stylistes et photographes qui ont si bien mis nos recettes en valeur au fil des pages. Elles nous ont incitées à passer en cuisine, à faire preuve d'imagination, et nous sommes sûres que nos lecteurs éprouveront la même envie. Merci à tous ceux qui ont participé à la rédaction des recettes et nous ont laissées partager leurs créations avec nos lecteurs. Merci à Lisa Tener, notre coach littéraire. C'est elle qui nous a poussées à écrire ce livre, et le brainstorming organisé sur les plages de Narragansett y a certainement beaucoup contribué.

Remerciements de Tara

Kate, merci pour le livre. ON L'A FAIT ! Merci à Trish Leavitt de silverlining.com pour son amitié sincère et son magnifique travail de maquettiste : sa mise en forme visuelle de mes conseils nutritionnels a changé ma pratique du métier et aidé nombre de mes clients, patients et sportifs. À toute l'équipe du Centre des maladies cardiovasculaires de Lown et au Dr Jane Silman, du Brigham and Women's Hospital de Boston, pour leur conviction que l'alimentation peut être une médecine préventive et réparatrice. Au Dr Dara Lee Lewis, de garder toujours du chocolat noir dans son bureau. Aux diététiciens de l'Institut du cancer Dana-Farber, de m'avoir donné une vision globale de la nutrition et de m'avoir fait passer à la vitesse supérieure. Merci aussi à : Mat Schaffer, Rebecca Pacheco, Dan Fitzgerald, Sally Sampson, Sandra Fairbank, Shannon Allen, Chef Todd Kiley, Daisy Chow, Kevin Kearns, au November Project de Boston, à Brogan Graham, Bojan Mandaric, au Nike+ Run Club Boston, à Byron Ricketts, Mitchell Green, Jenn and Ben O'Meara, Chris "CanofSpaghetti" Cantergiani, Kosta, Barry Gagne, Ron Lawner, Lloyd Poindexter, et au Wally's Cafe Jazz Club. Des remerciements tout particuliers à Alicia Anskis et à Gatsby pour leur extraordinaire désintéressement et leur fidélité à toute épreuve. À mes neveux Trent et Bryce – Stacey et Jon, vous avez les meilleurs enfants du monde. À mes parents, George et Bev : je vous aime. Impossible de témoigner de toute l'aide reçue, je suis vraiment comblée. Et enfin, merci à H. Eaton pour nos conversations quotidiennes – des clins d'œil complices, tout ce dont j'avais besoin pour être au paradis.

Remerciements de Kate

Tara, merci d'avoir été une partenaire hors du commun dans cette aventure ; grâce à toi, notre rêve d'écrire un livre est devenu réalité. Je te serai toujours reconnaissante d'avoir répondu à mon e-mail il y a quelques années. J'étais alors loin de me douter que ce mentorat deviendrait une véritable amitié et se concrétiserait en un livre ! Je remercie papa et maman de leur amour et leur indéfectible soutien pour tout ce que j'entreprends, de m'avoir inculqué le sens de la persévérance et de l'ambition, et de m'avoir élevée avec la certitude que je pouvais accomplir tout ce que je m'étais fixé. Mon frère Michael et ma sœur Meghan pour leur amour et leur soutien. Mon associé Tom, qui a fait preuve d'une patience héroïque pendant toute l'écriture de ce livre, quand nous étions plongés dans les affres de la création d'entreprise. Merci de m'avoir ramenée à la réalité de temps en temps, j'en avais bien besoin. Mes clients, dont la fidélité et l'attachement m'impressionnent toujours. À tous mes partenaires d'entraînement et mes équipiers de natation, de course et de vélo : merci de m'avoir inspirée et encouragée. En pratiquant le triathlon avec eux, j'ai pris conscience de faire partie de la plus extraordinaire communauté qui soit.

À propos des auteures

Photo : Corwin Wickersham

Tara Mardigan est une nutritionniste diplômée, basée à Boston. Titulaire d'une maîtrise en sciences de la nutrition et d'une maîtrise de santé publique de l'Université Tufts, elle est aussi connue sous le nom de *The Plate Coach*. Elle conseille clients et athlètes au Centre de médecine cardiovasculaire Lown de Brookline, dans le Massachusetts. Elle donne aussi des consultations privées et des consultations en ligne sur FruitStreet.com. Tara est aussi la responsable de la nutrition chez Grown, le nouveau restaurant d'aliments naturels qui vient d'ouvrir à Miami. Son objectif est d'amener à adopter une alimentation et un mode de vie conciliant santé et plaisir. Elle est intimement convaincue que ce qui est bon pour notre santé doit aussi être bon à manger.
Tara a été la nutritionniste de l'équipe de baseball des Red Sox de Boston. Elle a fait adopter aux joueurs une démarche d'optimisation des performances basée sur l'alimentation qui s'est traduite par trois victoires en série mondiale. Elle a également travaillé pendant une dizaine d'années sur la nutrition à l'Institut de cancérologie Dana Farber pour les patients en rémission d'un cancer et leurs familles, ainsi que sur des régimes amaigrissants à l'hôpital Brigham and Woman's de Boston.
Au sein de la « Food Task Force » du Musée des sciences de Boston, Tara travaille à donner à l'alimentation saine et durable un statut de priorité éducationnelle, au même titre que les sciences, la technologie et la cuisine. Elle fait partie des comités consultatifs de LighterCulture.com et de la Fondation pour le syndrome de Sjögren, une maladie chronique d'origine auto-immune, caractérisée par l'atteinte des glandes responsables des sécrétions par le système immunitaire.
Tara est membre enthousiaste du Hubway, le réseau de partage de vélos de Boston et du November Project, le mouvement de passionnés de mise en forme développé à Boston. Elle a couru quatre marathons de Boston et plusieurs demi-marathons, adore le yoga, le vélo, le jazz, les dîners de produits naturels et les randonnées dans les monts Adirondacks.

Photo : Tyler Oliver/Enterprise LLC

Kate Weiler, titulaire d'une maîtrise en sciences de la nutrition de l'Université du Nord-Est et d'un diplôme de coach certifiée en santé holistique de l'Institut pour la nutrition intégrative de New York, est une nutritionniste du sport qui travaille à optimiser les performances athlétiques par une alimentation appropriée. Elle a une approche globale de la nutrition mais reste pragmatique, appliquant des recettes qui fonctionnent et peuvent s'adapter à la vie des sportifs d'aujourd'hui. Kate est aussi cofondatrice et PDG de DRINKmaple, une entreprise qui commercialise de l'eau d'érable.
Kate est une triathlète d'élite dans sa classe d'âge. Elle a réalisé cinq Ironman complets, un nombre incalculable de triathlons et plus de dix marathons. Elle s'est qualifiée et a terminé le marathon de Boston à de nombreuses reprises et le Championnat du monde d'Ironman de Kona, à Hawaï.
Kate est titulaire d'un Certificat de nutrition intégrative de Purchase, l'Université publique de l'État de New York ; elle est aussi certifiée par l'Association américaine des praticiens ne prescrivant pas et titulaire de licences de psychologie et d'italien de l'Université Colby.

Index